テロリストの息子

ザック・エブラヒム＋ジェフ・ジャイルズ
佐久間裕美子 訳

The Terrorist's Son
A Story of Choice
Zak Ebrahim + Jeff Giles

朝日出版社
Asahi Press

TED Books

本文中の引用文については可能なかぎり既存の和訳を参照し、
一部は内容に沿うよう改訳しています。——訳者

訳注は[★]で示しています。

人間は思考の産物にすぎない。
思考がその人をつくる。

——ガンディー

目次

第1章

1990年11月5日、ニュージャージー州クリフサイドパーク

母に揺り動かされて目が覚めた。「事故が起きた」。母が言った。

僕は7歳で、ティーンエイジ・ミュータント・ニンジャ・タートルズのパジャマに身を包んだ小太りな子どもだった。日の出前に起こされることに慣れてはいたが、起こすのはいつも父で、ミナレット（イスラム教の礼拝所の塔）の柄が入った小さな絨毯《じゅうたん》の上で祈るためだった。母に起こされることはなかった。

夜の11時。父は家にいなかった。最近、父がジャージーシティのモスクで過ごす時間帯がどんどん遅くなっていた。それでも父は、僕にとってはババ（父の意）だった。おどけていて、愛情深くて、温かくて。その朝だって、靴紐の結び方をまた教えてくれていたのだ。事故に遭った？　どんな事故に？　怪我をした？　死んだ？　答えが怖すぎて、疑問を声にすることができなかった。

母がめくり上げたシーツが、少しのあいだ、雲のように膨らみ、それを床に広げようと母が屈んだ。「私の目を見て、Z《ズィー》」。母が言う。彼女の顔は心配で凝り固まっていて、誰だかわからないほどだった。「なるべく急いで着替えて。そして持ち物をシーツの上に出して、きつく縛って。いい？　お姉ちゃんが手伝ってくれるから」。母はドアのほうに進んだ。「ほら《ユラ》、Z、早く。レッツゴー」

「待って」。僕は、ヒーマン（アメリカンコミックの主人公）のブランケットから転がり出て初めて言葉を発することができた。「シーツには何を入れるの？　どんなものを？」

　僕はいい子どもだった。シャイで従順で。いつも母の指示に従おうとする。母は止まって僕を見た。「入るものはすべて」、と言う。「戻ってくるか、わからないから」

　そして踵《きびす》を返し、出ていってしまった。

　荷造りが終わって、姉と弟と一緒にリビングに降りる。母はブルックリンに住む父の従兄弟に電話をかけていた。イブラヒム叔父さん、または「アミュ」と呼ばれる叔父さんと、何やら激しく話している。顔は紅潮し、左手は電話を握りしめ、右手はヒジャーブ（イスラム教徒の女性がかぶるヴェール）がゆるくなった耳のあたりを神経質にいじっている。テレビがついている。「速報。番組を中断してお伝えします」。僕らがテレビを見ているのに母が気づいて、急いで電源を切る。

　母はその後しばらく、叔父さんと話す。僕らに背を向けて。電話を切るのと同時に、また電話が鳴り始める。真夜中には神経に触る音だ。うるさすぎるし、何かを知っているかのようだ。

母が電話に出る。今度は、ババと同じモスクに通う友人の一人で、マフムードというタクシーの運転手だ。髪の毛の色から「レッド」と呼ばれている。レッドは、父を探して必死なようだ。「ここにはいないわ」。母が言う。一瞬、相手の声に耳を傾けた。「オーケイ」と言って、電話を切る。

再び電話が鳴る。あのひどい音。

今度は誰なのかわからない。「本当に?」母が言う。「私たちについて聞いてる? 警察が?」

少し経って、居間の床のブランケットの上で目を覚ます。どうやらこの混乱のなか、うとうとしていたようだ。運び出せるものはすべて、いや、それ以上の量の物がドアのそばに積み上げられて、今にも崩れ落ちそうだ。母は動きまわり、ハンドバッグの中身を確認し、さらに確認を重ねる。僕ら全員の出生証明書。誰かに求められたとしても、彼女が僕らの母親だということが証明できる。僕の父はエル・サイード・ノサイルといって、エジプトに生まれた。けれど母はピッツバーグ生まれだった。近所のモスクでシャハーダ（信仰告白）を唱えイスラム教徒になるまでは、そしてハディージャ・ノサイルと改名するまでは、カレン・ミルズという名前だった。

「イブラヒム叔父さんが来てくれる」。母が、起きて目をこする僕を見て言う。心配がにじみ出る声に、今はいらだちが混ざる。「来れたら、の話だけど」

どこに行くのかは聞かない。誰も僕には教えてくれない。待つだけだ。アミュがブルックリンからニュージャージーに運転して来るのにかかるはずの時間よりはるかに長いあいだ、待っている。待てば待つほど、母が動きまわる足並みが速くなって、胸の中にある何かが爆発するような気持ちになる。姉が片手で抱いてくれる。勇気を出そうとする。僕も弟の体に腕をまわす。

「ヤ・アッラー」。母が言う。「気が狂いそう」

わかるよ、と言うように僕はうなずく。

母が口にしないのはこういうことだ。過激派のラビ（ユダヤ教の指導者）で、ユダヤ防衛同盟（ＪＤＬ）の創立者でもあるメイル・カハネが、ニューヨークのマリオットホテルの宴会場でスピーチを終えたあと、銃を持ったアラブ人の男に撃たれた。銃を持った男は現場から逃走し、途中で年配の男性の足を撃った。ホテルの前に待機していたタクシーに乗り込むも、再び車を乗り捨てて、銃を持ったまま逃走した。通りがかりの郵便局担当の警官と撃ち合いになって、男は倒れこんだ。ニュースキャスターたちは、ぞっとするような細部の一点に言及せざるをえないようだった。ラビのカハネも、暗殺者も、首を撃たれていた。２人とも、生き残らないと思われていた。

テレビはこの事件の経過を逐一伝えている。１時間前、姉、弟、そして僕が幼少期の思い出らしきものの最後の時間に睡眠を貪っているあいだに、母はテレビの音声にメイル・カハネの名前を聞いて、画面を見やった。最初に目に入ったのは、銃を持ったアラブ人の男の映像だった。母の心臓は止まりそうになった。それは僕の父の姿だった。

イブラヒム叔父さんがアパートの前に駐車する頃には、もう午前1時になっていた。それだけ時間がかかったのは、自分の妻と子どもたちが支度をするのを待っていたからだ。叔父さんは一家が同行することを主張した。敬虔《けいけん》なイスラム教徒として、妻以外の女性、つまり僕の母親と2人だけで車に乗る危険を犯すわけにはいかなかった。車の中にはすでに5人が乗っていた。そしてそこに僕ら4人がなんとか乗り込むわけだ。母の怒りがこみあげるのを、僕は感じとった。母だって、叔父さんと同じくらい敬虔だ。けれど自分の子どもたちだって一緒に車に乗るのだ。何のためにそんなに時間を無駄にしたのだ？

ほどなく僕らは、ぞっとするような蛍光灯の光の下、トンネルを走っていた。車は異常なまでに窮屈だ。みんなの手足が絡まって、巨大な固まりのようになっている。母が尿意を催している。イブラヒム叔父さんはどこかで止まりたいか、母に聞いた。母は頭を振って言った。「子どもたちをブルックリンに送り届け、それから病院に行きましょう。オーケイ? なるべく早く。さあ《ユラ》」

誰かが「病院」という言葉を使ったのはこのときが初めてだった。父は病院にいる。事故に遭ったから。怪我をしているという意味だ。でも同時に、死んではいないことも意味している。パズルのピースが頭の中でひとつになりつつあった。

イブラヒム叔父さんはプロスペクトパークのそばの巨大なレンガ建てのアパートに住んでいる。ブルックリンに到着して、9人がもつれ固まった状態のまま車から転がり出る。ロビーに入ったが、エレベーターが来るのに永遠とも思える時間がかかる。洗面所に行きたくて必死な母が、僕の手を取って階段に向かう。

母は一段飛ばしで階段を上がる。僕はついて行くのに必死だ。2階がぼんやり見え、3階が続いた。叔父さんのアパートは4階だ。入り口がある廊下に向かって角を曲がりながら、みんな息を切らしている。ついに到着したときには有頂天だ。エレベーターに勝ったのだ！　そして玄関のドアの前に男が3人が立っているのが見える。2人はダークスーツを着て、バッジを高く掲げながらゆっくりこちらに歩いてくる。3人目は警察官で、ホルスターの銃を握っている。母が彼らのほうに足を進める。「洗面所に行かないと」。母が言う。「用を足したら話をします」

男たちは混乱したように見えたが、すぐに母を通した。けれど母が僕を一緒に洗面所に連れていこうとしたとき、ダークスーツの一人が、交通整理の警官のように手のひらを上げた。

「子どもは、我々と一緒に待機する」。彼は言う。

「息子です」。母が言う。「一緒に行くの」

「許可するわけにはいかない」。もう一人のダークスーツが言う。

母は困惑する。それも一瞬のことだ。「トイレで自傷行為に及ぶとでも思っているの？　自分の息子を傷つけるとでも？」

最初のダークスーツがぼんやりと母を見た。「子どもは我々と一緒だ」と彼が言う。笑顔を試みたがうまくいかない、そんな表情で僕を見る。「君は……」。手帳を見ながら言う。「アブドゥラジーズ？」

恐怖に慄《おのの》きながら、うなずき始めると、止めることができない。

「Zです」

イブラヒムの家族がアパートのドアから入ってきて、気まずい沈黙が破れる。

イブラヒムの妻が、僕ら子ども全員を寝室のひとつに連れていき、寝るように命じる。子どもは6人。マクドナルドのプレイプレイス（遊び場）にありそうなカラフルな子ども用のベッドが壁に取り付けられている。母が居間で警察と話をしているあいだ、虫のように体をねじらせながら、ベッドの隅に体を横たえる。僕は壁の向こうに耳をすませようと努めた。聞こえるのは、低音のうなり声と、家具が床にこすれる音だけだ。

居間では、ダークスーツたちが嵐のようにたくさんの質問を母に浴びせている。母が後々覚えていたのは、特にこのうちのふたつの質問だった。「現住所はどこか？」そして「今夜、夫がラビ・カハネを撃つことを知っていたか？」

ひとつ目の質問への答えのほうが、ふたつ目の答えより複雑だ。

ババはニューヨーク市の職員で、マンハッタンの裁判所で冷暖房を修理する仕事をしている。市の職員は、市の五地区のどこかに居住することが義務づけられている。だから僕の家族は、叔父さんの家に住んでいるふりをしている。書類上の小さな嘘のために、今夜、警察はここに現れたのだ。

母がこれを説明する。そして銃撃について、本当のことを言う。事件のことは何も知らなかった。事件について、一言も聞かなかった。何も。彼女は暴力の話を忌み嫌っている。モスクの人たちだって、彼女の前で扇動的な話をするべきでないことくらいは知っている。

母は、その後の一連の質問に答える。頭を高く掲げ、膝の上にのせた手は動かない。けれどそのあいだも、ひとつの考えがまるで偏頭痛のように頭の中で大きく鳴り響いている。父のところに行かなければ。父のそばに行かなければ。

ついに母が口走る。「テレビでサイードが死ぬと聞きました」

ダークスーツは、顔を見合わせたが答えない。

「彼のそばにいたい。ひとりで死んでほしくない」

答えはない。

「彼のところに連れていってください。プリーズ。彼のところに連れていって。・・・・プリーズ」

母は何度も何度も繰り返す。ついにダークスーツはため息をついて、鉛筆をしまった。


病院の前はどこも警察でいっぱいだ。怒る者、恐怖に震《ふる》える者、そして野次馬が、騒がしく集まっている。テレビ局のバンと衛星中継車がいる。ヘリコプターが頭上を飛んでいる。母とイブラヒムは、公然と敵意を露わにした制服の警官二人組に引き渡される。僕の家族はクズ同然だ。むしろクズ以下だ。暗殺者の家族。母は動揺してフラフラし、よりによってひどくお腹を空かせている。警官たちから発せられる怒りは彼女にとって、曇った窓ガラスの向こうに感じる程度でしかない。

母とイブラヒムは、病院の反対側の入り口を通って中に連れていかれる。エレベーターへと歩きながら、ワックスがかけられたばかりで、殺風景な照明に光る長い廊下に目をやる。セキュリティを通り抜けようと騒ぎ立てる群衆の姿が見える。記者たちが質問を叫ぶ。カメラのフラッシュが焚《た》かれる。母は暗鬱《あんうつ》な、弱い気持ちになる。頭が、腹が、すべてが抗おうとする。

「倒れてしまう」。母がイブラヒムに言う。「掴まってもいいかしら?」

イブラヒムがためらう。敬虔なイスラム教徒として、女性である母に触ることは許されていないのだ。ベルトに掴まるのをよしとする。

エレベーターホールで、警官の一人が粗野な態度で指を差す。「乗れ」。敵意がにじみ出る沈黙の中、2人は集中治療室のある階に上る。エレベーターのドアが開くと、母は治療室のまぶしい照明に足を踏み入れる。SWAT(特殊火器戦術部隊)の一員が弾かれたように立ち上がり、彼女の胸に向けてライフルを水平に構える。

母が息を飲む。イブラヒムが息を飲む。警官の一人が呆れた表情で、SWATの隊員に手を振る。隊員は銃を降ろす。

母は、父のベッドに駆け寄る。イブラヒムは、母にスペースを与えようとゆっくりとあとに続いた。

ババは意識不明で、腰まで服を脱がされた体は悲惨に腫《は》れている。6台もの機械にワイヤーやチューブでつながれて、首には郵便局担当の警官に撃たれた箇所に、縫われた長い傷があった。まるで首に巨大なキャタピラーが付いているようだ。看護婦たちがベッドのそばで忙しく働いている。邪魔されたことに不満げだ。

母が、ババの肩に触ろうと手を伸ばす。体は硬くて、皮膚は冷たく、彼女はひるむ。「死んでしまったの?」震える声で彼女が聞く。「ヤ・アッラー。もう死んでしまった!」

「ノー、死んではいません」。看護婦の一人が、いらだちを隠そうともせずに言う。暗殺者の家族。「手は出さないで。触ってはいけません」

「夫なんです。なぜ触ってはいけないの？」

「規則ですから」

母は、あまりのつらさに理解することができない。けれどあとになって、看護婦たちが恐れていたのは、母がチューブやワイヤーを引き剝がして、父を死なせることだったのだと考えた。母は父のそばに手を置く。耳元にささやきかけようと屈み込む。大丈夫、そばにいる、愛してる、もし私が来るのを待って頑張っていたのなら、大丈夫、そばにいるから、愛してる、楽にしてもいい。――母は看護婦たちが見ていない隙に、頰にキスをする。

しばらく経って、集中治療室のそばの小さな会議室で、医師が母に、父が一命を取り留めたことを伝える。医師は、この夜、彼女が初めて出会った思いやりのある人物だった。彼のまっすぐで人間味ある同情に触れて、母は初めて涙を流す。彼は母が気を取り直すのを待って、あとを続ける。ババは体内の血液の大半を失って、輸血を施された。首のどこかにまだ銃弾があるけれど、頸動脈がほぼ切断された状態だったから、銃弾を探す危険を犯したくなかった。銃弾が体から出なかったことが、父の命を救ったのだ。

母が伝えられたことすべてを消化するあいだ、というか、少なくとも消化しようとするあいだ、医師は母のそばに座っている。そして警官たちが戻ってくる。彼らは母とイブラヒムをエレベーターに先導し、降下のボタンを押す。エレベーターが到着してドアが開くと、一人が指を差して再び言った。

「乗れ」

外は明るくなり始めていた。いつもなら空が美しく見えたはずだ。けれどラビ・カハネの死がちょうど確認されたばかりだった。銃弾はラビの体のほうは通過して外に出て、父を殺しかけたのと同じ傷で彼は死んだのだった。駐車場はなおもパトカーと衛星中継車で埋め尽くされていて、すべてが醜く、母もイブラヒムも、朝の礼拝はできていなかった。母はふたつのことを考えて自分を慰める。ひとつは、父が何かに取り憑《つ》かれてこんな酷い行為に及んだのだとしても、彼が誰かを傷つけることは二度とないということ。もうひとつは、彼が生き残ったことは天からの贈り物だということ。

その両方について、母は間違っていた。

第2章

現在

殺意に満ちた憎悪を教え込まなければならない理由がある――教え込むだけじゃない、力づくで植えつけなければならない。こんなことは自然に起きる現象じゃない。嘘っぱちだ。何度も、何度も、繰り返される嘘。それも財力がなくて、世界を別の仕方で見るという選択肢を奪われた人々に与えられる嘘。僕の父が信じた嘘。父が、僕に引き継がせようと望んだ嘘。

1990年11月5日に父が行なったことは、僕の家族をめちゃめちゃにした。おかげで僕らの家族は、殺害の脅迫とメディアからの嫌がらせ、遊牧民のような生活と恒常的な貧困にさらされることになった。何度も「新しい出発」を繰り返したけれど、その先にはたいていの場合、以前より悪い生活が待っていた。父がやったことは、まったく新しいタイプの不名誉で、僕らはその巻き添えだった。父は、知られているかぎり、アメリカ本土で初めて人の命を奪った最初のジハーディスト（イスラム教の聖戦主義者）だったのだ。父は、最終的にアルカイダを名乗ることになる海外のテロ組織の支援を受けて活動していた。

そして、父のテロリストとしてのキャリアはまだ終わっていなかった。

1993年の初頭、父はニューヨーク州のアッティカ刑務所の監房から、ジャージーシティのモスクの関係者とともに、世界貿易センターの一度目の爆破事件の計画を立てるのを手伝った。その中の一人に、フェズ（トルコ帽）とウェイファーラーのサングラスを身につけたオマル・アブドッラフマーンがいた。メディアは彼を「盲目のシャイフ」と呼んでいた。その年の2月26日、クウェート生まれのラムジー・ユーセフとヨルダン人のイヤード・イスマイールが計画を実行に移した。爆薬をいっぱいに積み込んだ黄色いライダーのバンに乗って、世界貿易センターの地下の駐車場に突っ込んだのだ。彼らが、そして父が抱いた恐ろしい期待は、タワーの片方がもう片方を倒して、この世のものとは思えないレベルの犠牲者を出すことだった。けれど結局、4階分のコンクリートに、30メートルほどの幅の穴を開ける爆発を起こし、1000人強の無実の負傷者、そして6人の死者（うち1人は妊娠7カ月の女性だった）を出すという結果でよしとせざるをえなかったわけだ。

父の行為について悲しくも自分が知っていたことから、子どもたちを守ろうとした母の努力と、知ることを必死に避けた子ども心のおかげで、僕が暗殺と爆破事件の恐怖を全面的に消化するのは、何年もあとになってからのことだった。また、父が家族にしたことに対して、自分がどれだけの怒りを抱えているのかを認めるのにも同じくらいの時間がかかった。その当時の自分には、とうてい飲み込めないことだったのだ。恐怖、怒り、自己嫌悪といった感情を腹の中に抱えていたけれど、消化する作業を始めることすらできなかった。93年の世界貿易センター爆破事件のあと、僕は10歳になった。感情レベルでは、すでにパワーを落としつつあるコンピュータのような状態だった。12歳になる頃には、学校でのいじめに遭いすぎて、自殺を考えた。シャロンという女性に出会って、自分という人間に、また自分のストーリーに価値があると思えるようになったのは、20代の中盤になってからだ。それは、憎むことを教え込まれた少年と、違う道を進むことを選んだ男性の物語だ。

僕はこれまでの人生を、何が父をテロリズムに惹きつけたのかを理解しようとすることに費やしてきた。そして、自分の体の中に父と同じ血が流れているという事実と格闘してきた。僕が自分のストーリーを語るのは、希望を与えるような、誰かのためになるようなことをしたいからだ。それは狂信の炎の中で育てられながらも、代わりに非暴力を受け入れた若者の姿を見せること。自分を崇高な人物として描くことはできないけれど、僕ら一人ひとりの人生にはテーマがあって、僕の場合はこれまでのところ、たとえば、こういったものだ。誰にだって選択する権利がある。憎むことを教え込まれても、寛容な生き方を選択することはできる。共感《エンパシー》の道を選ぶことはできるのだ。

7歳のときに、自分の父親が、理解できない犯罪のために収監されたという事実は、僕の人生をほとんど台無しにした。けれどそれは同時に、僕の人生を可能にもした。父が刑務所にいながらにして、僕を憎悪で埋めることは不可能だったから。それ以上に、自分が悪魔として描いたタイプの人々と僕が知り合い、彼らもまた、僕が心にかけたり、僕のことを気にかけたりする人間になりうるという事実を発見することを阻止できなかった。偏見は経験に打ち勝つことはできない。僕の体が偏見を拒否したのだ。

家族としての試練を経験するあいだ、母のイスラム教に対する信条が揺らぐことはなかった。けれど彼女も、大半のイスラム教徒と同様に、決して狂信主義者ではなかった。18歳になって、ようやく世界の端っこを見始めたとき、僕は、イスラム教徒、ユダヤ教徒、キリスト教徒、ゲイ、ストレート、誰であろうと、もはや人が何者かということを基にその人を評価することはできないこと、そして、その話をした次の瞬間から、僕は人を人間性で判断すると、母に告げた。母は僕の言葉にうなずきながら耳を傾けた。母には、それまで僕が聞いた中でいちばん力強い言葉を発するだけの知恵があった。「人を憎むのはもううんざり」

母にはうんざりするだけの理由があったのだ。僕らの長い旅は、彼女にいちばんの負担をかけた。しばらくのあいだ彼女は、髪を隠すヒジャーブだけではなくて、目以外をすべて覆い隠すニカーブというヴェールを身につけていた。敬虔なイスラム教徒だったうえに、自分が誰だか他人に知られてしまうことを恐れていたのだ。

最近になって、僕は母に、1990年11月6日の朝、イブラヒム叔父さんとベルビュー病院を出たとき、その先に何が待ち受けているのか知っていたかどうかを尋ねた。母は躊躇《ちゅうちょ》せずに「ノー」と答えた。「普通に暮らす母親の生活から、メディアを避けながら政府やFBI、警察、弁護士、そしてイスラム教のアクティビストとやりとりする狂気の日々、プライバシーのない生活に変わってしまった。まるでひとつの線を越えたように。その線を越えたら、ある人生から別の人生に移行した。そのあとどれだけ大変になるか、想像もつかなかった」

父は今、イリノイ州マリオンの連邦刑務所に収監されている。扇動的陰謀、恐喝幇助《ほうじょ》の殺人、郵便局担当の警官の殺人未遂、殺人遂行における銃火器使用、殺人未遂における銃火器使用、銃火器所持ほかの罪状で、仮釈放の可能性のない終身刑プラス15年の判決を受けて。正直に言うと、僕の中にはまだ彼に対する感情が残っている。蜘蛛《くも》の巣ほどの薄さになっていたとしても、絶やすことのできない一縷《いちる》の哀れみと罪悪感のようなものが。自分がかつてババと呼んだ男が、恐怖心と不名誉から家族がみな名前を変えて暮らしているのを知りながら、監房の中で生活している。そのことに思いを馳せるのは難しい。

父のことは、もう20年も訪ねていない。これは、その理由をめぐる物語だ。

第3章

1981年、ペンシルベニア州ピッツバーグ

僕の父と出会うもう何年も前、母は、ある無神論者と恋に落ちる。

彼女を育てた祖母は熱心なキリスト教信者で、さらに輪をかけて熱心な愛煙家だった。祖母は母をカトリックの学校に送り、電話会社のベル・アトランティックで何十年も働くことで家族を養っていた。母は子どもの頃に家族を捨てた自分の父親のことを知らなかった。

当時の母は熱心なカトリック教徒だったが、その無神論者に惚れて、深く愛してしまったので、とりあえず結婚する。結婚は、子どもをひとり、つまり僕の姉をこの世に送り出す程度には続く。けれど母は最終的に、宗教を見下す男と一緒に子どもを育てることはできないと悟るのだ。

結婚生活は崩壊する。そして意外にも、カトリックの教義に対する母の信仰も崩壊する。あるとき母は、ちょっとしたことで牧師のところにアドバイスを仰ぎにいった。牧師は小学校時代からの知り合いだった。話題はいつしか神学理論に移る。母は三位一体《さんみいったい》を信じているが、実際にそれを理解したことはないと認める。牧師は説明を始めるが、母が質問すればするほど、明確な答えを求めれば求めるほど、牧師の答えはより複雑に、満足できないものになる。牧師は狼狽《ろうばい》し、そのうち怒り始める。母に好戦的な気持ちはなかった。事態を鎮めようとする。けれどもう遅い。牧師は母を叱責する。「こんなにも質問をしなければいけないのなら、あなたには信仰心がない！」

母は口がきけなくなるほどのショックを受ける。何十年も経ってから、母は僕に言った。「彼に私の心臓を突き刺されたような気持ちになった」。神に対する信仰は揺らいではいなかったが、牧師館を立ち去りながら、自分がもはやカトリック教徒ではないことを悟る。当時の母はまだ20代の離婚経験者で、教師になるための勉強をしていた。2歳の子どもを抱えた母は、自分の信仰心を注げる新しい宗教と、新しい夫を探す旅を始める。

そうして始まった探求活動の初期の頃、母はピッツバーグの図書館の棚に、イスラム教についてのある本を発見する。質問するために近所のモスク（マスジドとも呼ばれている）を訪れ、アフガニスタン、エジプト、リビア、サウジアラビアといった、いろんな場所からやって来たイスラム教徒の留学生たちに出会う。それまで、イスラム教のコミュニティがどれだけ友好的で家族中心主義か、知らなかった。特に男たちは、よそよそしくて冷たくマッチョだ、というイスラム教徒のステレオタイプとはまったく違っていた。よちよち歩く姉に、うれしそうに手を振るのだ。

1982年5月の終わり頃、母はモスクの2階の学習室に座っている。しばらくのあいだシャハーダを実践したのち、イスラム教に改宗しようとしていた。「アッラーのほかに神はなし。ムハンマドはアッラーの使徒である」という信仰告白は、真剣に唱えられなければならない。すべての疑いを払拭し、アッラーを愛し、服従しなければならない。頭のどこかで、ラジオの雑音のように、自分の母親の反対する声が鳴り響いている。娘がイスラム教に誘い込まれたことにひどくショックを受け、スカーフなんかを頭につけているかぎり里帰りは歓迎しないと告げている。祖母は実際に「近所の人たちがどう思うの?」と口にしたのである。

僕の母はネガティブな感情を追い払う。イスラム教への信仰、またはイスラム教を必要とする自分の気持ちは、すでに深く強いものになっている。シャハーダを小声で何度も何度もつぶやく。心で感じているものを言葉が反映するまで。「アッラーのほかに神はなし。ムハンマドはアッラーの使徒である。アッラーのほかに神はなし……」

マスジドでできた新しい友人ハニが割って入ってくる。ハニは、母がイスラム教を信仰するまでの旅の過程を助けてきた人物だ。彼はモスクで男たちの礼拝の会が行なわれているのを伝え、母が彼らの面前でシャハーダを唱え、イスラム教徒に改めるのを望んでいると告げる。

母の神経はその時点ですでに凝り固まっていたが、さらにその状況を想像して顔を赤くする。

ハニは急いで説明する。「怖くはない。怖いことだったら僕だって頼まない。でも彼らは人が改宗するのを見たがるんだ」。彼女が改宗するのを見るのが特に興味を惹きつけるのだとは言わない。

「サラが隣に座ると言っている」とハニは言う。「もしそのほうが君も楽だったら、という話だけど」

不本意ながらも、母はこれに同意する。母が大人気を博すだろうとハニが言うのに対し、彼女は覚えたてのアラビア語のフレーズで応答する。「インシャアッラー」。もし神が欲し給うならば。ハニは喜ぶ。ドアを閉めながら、顔が輝いている。

階下で母は、団結の気持ちを込めて友達のサラの手を握りしめ、海に飛び込むかのように深く息を吸いながら、モスクに足を踏み入れる。この日にふさわしく、紺碧《こんぺき》の波の柄をたたえたカーペットが太陽の光を浴びている。壁は深紅と黄金の星の模様でぎっしりと装飾されている。礼拝のサークルに参加する男たちが、絨毯の上に座っている。スラックスやジーンズ、ボタンダウンシャツのような西洋風の普通の衣服を着ている者もいる。膝の下をぐるりと包む、長くたゆたうシャツ、青や黄金の刺繍《ししゅう》が入った白いスカルキャップ(礼拝帽)を着用している者もいる。母はその帽子の名前を知っていることを思い出す。ターキーヤ。自分を落ち着かせるために、頭の中でその言葉を繰り返す。礼拝のサークルがしんとする。男たちは振り返り、女性2人が近づいてくるのを見る。息苦しい瞬間のあと、聞こえるのは、母のつぶやきとサラの靴下が絨毯にこすれる音だけ。ターキーヤ。母は考える。ターキーヤ、ターキーヤ、ターキーヤ。

　母は完璧にシャハーダを唱える。声は震えていたとしても。今になってようやく体がリラックスし始める。息遣いが徐々にゆるやかになり、再び安定する。儀礼にかなったことなのか考える余裕もなく、部屋にいる男たちを盗み見る。イスラム教徒としての初めての行為！　少し恥じらいを感じないわけではない。それでも……かなりハンサムな男が一人いる。絵画に描かれるような古代エジプト人みたい。母はそう思う。彼の明るい緑の瞳を半秒ほど不自然に長く見つめてしまう。

　2日後、礼拝のサークルの男たちの一人が彼女に興味を持っていて会いたがっていると、ハニが母に告げる。イスラムの世界に男女交際は存在しない。預言者のムハンマドは、男と女が二人きりになるとき、そのあいだには三番目の人物がいて、それは悪魔だと警告していた。つまりこれは、その男が母と結婚したがっているということにほかならない。結婚！　母が言葉を発するのをほとんど聞いたことがないのに！　ハニは、件《くだん》の男は友人だと請け合う。男の名前はサイード・ノサイル。エジプト人。それがあの瞳の人である可能性は？　母はその考えを無理やり頭から押し出した。

その週のうちに、母は、オマルとリハーンというリビア人夫婦の自宅でサイードと初めて会う。母は自分の親と実のある関係を持たなかったから、オマルが保護者のような役割を果たしていた。彼は結婚の手続きをすでに始めていた。サイードに会い、コミュニティ内のほうぼうに彼について問い合わせて、彼が模範的なイスラム教徒であること、マスジドでの活動に積極的で、可能なかぎり礼拝の会に出席していることを知って満足していた。居間のコーヒーテーブルに、リハーンがお盆を置く。ハイビスカスジュース、バクラヴァ（蜂蜜やナッツの入った甘い焼菓子）、砂糖をかけてナツメヤシを詰めたショートブレッドが載っている。サイードがドアをノックしている。

オマルが玄関に行き、リハーンも小走りで訪問者の姿を見にいく。母は不安な気持ちでソファに座っている。オマルとサイードが互いに挨拶の言葉を交わしているのが聞こえる。保護者のオマルが「アッサラーム・アライクム」(あなたの上に平安を)と言い、求婚者が必要以上に寛大な態度で「ワ・アライクム・アッサラーム・ワ・ラフマトッラー」(そしてあなたの上にも平安とアッラーの慈悲を)と応える。良い印象を与えようとしている。母はそう思って微笑む。コーランの一節がまだ記憶に新しいのだ。「挨拶をされたときは、さらに丁寧に挨拶し返すか、(せめて)それに近い挨拶を返しなさい。アッラーはすべてを正確に勘定する」

リハーンが男たちに先立って居間に戻ってくる。母以上に緊張していて、ショートブレッドの位置を直した。「すごくハンサム」。リハーンがささやく。「それになんて緑な目!」

母と一緒に座って2分も経たないうちに、父は恥ずかしそうに言う。「結婚の話がしたくて僕がここにいることは知っているだろうね」

父はエジプトで工学と工業デザインを専攻し、特に金属を専門に勉強をした。クリエイティブなタイプだ。ネックレスだろうと船だろうと、簡単にデザインすることができる。アメリカに来てまだ1年も経っていなかったけれど、宝石職人としての仕事を得ていた。父は母に会ってから数日後に、仕事場で婚約指輪をデザインし、鋳造する。金に糸目はつけない。指輪は美しく、重い。指輪を見たとき、母は目を大きく見開いた。

1982年6月5日、初めて会ってから10日後に、僕の両親は結婚する。この短い交際期間は、不吉に聞こえるかもしれない。わかる。悲劇にしかなりえない道筋への前奏曲のように。けれど西側社会の、セックス、愛、結婚という一般的にはこの順序でやって来るお決まりのパターンだって、それなりの不幸や離婚を生み出してきたわけだ。どんなかたちであれ、なにか違う儀式や考え方がうまくいく可能性だってないだろうか？　僕の母と父は、しばらくのあいだ、幸せを享受する。本当の幸せを。母は、アラビア語を教えてくれて、イスラム教の理解を深める手助けをしてくれる男性を見つけたのだ。信心深い男。愛情深くて、おおらかな男性。僕の姉のことを初めて会った瞬間から愛し、床に一緒に座り込んで遊んでくれた。彼は魅力的で、料理が許されない寄宿舎のような施設に住んでいたから、痛々しいほど痩《や》せている。英語はわずかに風格がありすぎるきらいがあるが、あとはほとんど完璧。微妙にアラビア語の訛《なま》りがある。たまに間違ってしゃべっても、笑いを誘うような効果がある。大好きなスパゲティとミートボールを「スパゲティとボールミート」と呼ぶ。母は笑わずにはいられない。それでも父は気分を害したりしない。「君は僕の心だ」。父は母に言う。「直してくれていいんだ」

7月になる頃には、父はピッツバーグのオークランドと呼ばれるエリアに新しい家族のためのアパートを見つけた。母は、もう何年も経験していなかったような快活な気持ちで過ごしている。周辺は文化に溢れていて、彼女のような学生が多く住んでいる。リハーンとオマルも近くに住んでいて、マスジドはわずか数ブロック先だ。母と父は腕を組んで買い物に出かけ、食材やアパートの装飾品を求める。母は父にどんなものが好きなのかを尋ねる。父は答える。「君が好きなものなら何でも。君は僕らの家庭のクイーンだ。すべて自分の好きなようにアレンジするといい。選んだものに君が幸せを感じるなら、僕もそれでいい」

1983年3月に僕が生まれる。そして1年後に弟が生まれる。3歳のとき、ババがケニーウッド・アミューズメントパークに連れていってくれた。〈デイジー・ダイナモ〉というアトラクションで、カップ状の車に乗ってぐるぐる回る。メリーゴーランドでは、さまざまな色を塗った馬に乗る。父は上下に動く金色のオスの馬を選び、僕は動かない茶色のポニーの首にしがみつく。その日、〈リル・ファントム(小さな幽霊)〉と名付けられたミニチュアのローラーコースターに乗っているとき、父は恐怖に慄くふりをする。「おお、アッラー。私を守って目的の地まで送り届けてください!」実際に恐怖にわななないている僕の気をそらすために。この日のことはいつまでも覚えているだろう。これが父とのいちばん最初の記憶だ。そのあとに現実になる悪夢の数々も、この記憶を拭い去ることはない。

父は、あるとき突然アメリカに対する感情を硬化させたわけではない。偶発的に重なった醜悪な出来事や災難に引きずられて、父の恨みはゆっくりと築かれていく。モスクでは、母がリハーンのダアワ、つまり新しい改宗者を取り込むための布教活動を助けるようになる。戸別訪問や路上での勧誘で改宗させるわけではない。マスジドに訪問者を迎え入れ、イスラムについての教えを施す。かつて自分が抱いたような質問に答える。訪問者の多くは、若いアメリカ人女性だった。少女と言ってもいい。スピリチュアルな旅をしているから、というわけではなく、イスラム教徒の男と恋に落ちてやって来る女性もいる。それでも純粋な好奇心からモスクの扉を開け、最終的には改宗する女性もいて、リハーンと母の責務を充実したものにする。女性たちが泊まる場所がなければ、我が家でベッドを提供することもある。

結局それが間違いだった。1985年の秋、我が家にバーバラという若い女性を迎え入れる（ここでは彼女の名前を変えてある。そのあとに何が起きたか、彼女自身が自分のストーリーを語ることができないから）。バーバラは無愛想で変わっている。他人と目を合わせない。何カ月かのあいだ、我が家に滞在する。イスラム教に本当に興味があるようでもない。姉妹の一人がボーイフレンドを喜ばせるためにイスラム教の按配を見に来て、バーバラはそれに付き合っているだけ。彼女が体から出すエネルギーは心地悪く、同じ部屋にいるだけでもつらいくらいだ。

すぐにバーバラは、僕の両親が「イスラム教徒の悪いグループ」と警戒するような、別の地域の人々と付き合い始める。母はバーバラの結婚を世話しようと二度試みるが、両方とも、最初の会合だけで先方から断られてしまう。彼女は急に自信を失い、夜中に洋服を着たままバスタブに座って泣いたりするようになる。僕ら家族、それも全員が、彼女の部屋から衣類を盗んでいると言いがかりをつける。イスラム教徒にはとても着られない、子どもだったらなおさら、というようなタイプの服だ。父はバーバラが家を出ることを主張し、彼女はそれに従う。1週間もしないうちに、どうやら我が家から金を取ることができるかもしれないと思ったイスラム教徒の新しい友達のアドバイスに従って、バーバラは父にレイプされたと告発する。

そのとき、ピッツバーグには逃走中のレイプ犯がいた。被害者の何人かが犯人を「ヒスパニックか中東系」と描写していた。警察はバーバラの主張をきわめて真剣に受け止め、家族ぐるみで付き合いのある友人の弁護士がバーバラの作り話だと警察を説得する頃には、父は恐怖と屈辱で打ちのめされていた。夜に母と一緒にベッドに入ることをやめ、居間の暖房のそばに礼拝に使う絨毯を敷いて、その上で丸まって眠るようになった。食事もしなくなった。寝ているか、自分の安全を祈るばかりだ。モスクのメンバーたちも、誰を信じていいのかわからない。母の目には彼らの意見は真っ二つに割れているように見える。それがさらに父の痛みを悪化させ、腹の中の腫瘍がどんどん大きくなるようだった。マスジドで審問が開かれる。モスクの役員たちは、内部から揉め事が浮上したことに懸念を抱き、自分たちの中で解決することを望む。そもそもアメリカの司法制度を信頼していないのだ。

何年も経ってから、母がこの日のモスクの様子を描写してくれた。バーバラが姉妹とそのボーイフレンド、そしてピリピリした様子のイスラム教徒の友人の集団とともに到着する。刺々《とげとげ》しく張り詰めた空気の中、喧嘩が起きる。父は黙って頭《こうべ》を垂れ、手で膝をしっかりと摑んで座っている。バーバラが、同じ告発を同じように繰り返す。僕の父にレイプされ、僕の家族に衣類を盗まれた。そして賠償を要求する。母の心は父を思って痛む。自分のモスクでアッラーへの献身を疑われるなんて！

役員の一人がバーバラに、父の体を描写するように求める。「毛深いです」。バーバラは言う。「胸は毛深く、背中も毛深い。毛深いです」

母が笑い出す。父は飛び上がる。役員会に向かって言う。「今すぐ、シャツを脱ぎましょうか。この女性が嘘つきだとわかるように」。めぐりあわせだろう。父の肉体は、中東男性のステレオタイプと合致しない。

脱衣は必要ない、と父は言われる。役員たちは彼の無実を信じ、この問題を解決すべく、盗まれたと主張する衣類のために、バーバラに150ドルを渡す。彼女は満足したようだ。その一団はモスクを出ていく。イスラム教に対するリスペクトが彼女にないのは明らかだった。モスクの中でもずっと靴を履いていたのだ。

両親はピッツバーグで生活を立て直そうとするも、崩れた欠片が再びひとつになることはなかった。父にとってみれば、難行とも言える今回の事件から生じた悔しさはあまりに大きい。空気の中に悲しみと疲弊感が漂っている。母は、あまりの恐怖に、布教活動をもはや続けていけなくなった。父は、マスジドの友人たちと顔を合わせることができなくなった。いや、誰の顔も見られなくなった。仕事には出かけていたが、それまで以上に痩せていく。僕にとってこの頃の父の記憶は、居間で礼拝用の絨毯の上に膝をつき、祈りからか苦しみからか、またはその両方のせいで体を折り曲げている姿だけだ。

第4章

1986年、ニュージャージー州ジャージーシティ

翌年の7月にピッツバーグから引っ越した。そして少しのあいだ、僕らの生活には再び光が差すことになる。母は教師としてジャージーシティのイスラムの学校で1年生を受け持ち、父は宝石職人としての仕事を得ることはできなかったが、舞台照明を設置する会社に職を得て、母の料理でうれしそうに太っていく。両親はどんどん親しくなる。ジャージーシティのエジプト人コミュニティは素晴らしい。アラブ系の店舗がどこにでもあったし、チュニックを着た男性たちとヒジャーブをつけた女性たちが、大挙して街中を歩いている。僕らの新しいモスク、マスジド・アルシャムスには、母が親しんできた女性や家族のための活動はなかったけれど、僕らは定期的に礼拝には出かける（モスクの名前は、現在の組織に敬意を表して、ここでは変えている）。父は仕事を終えると、僕ら家族と公園でピクニックに興じる。庭では、僕と野球やサッカーをして――といっても就学前の子どもができる程度のことだけれど――遊んでくれる。本当の平穏な生活が我が家にやって来た。そしてある日、母が教えていた学校の校長が彼女をオフィスに呼び出した。すべてはうまくいくし、心配することはないけれど、1本の電話を受けました、と告げる。父は仕事場で事故に遭い、ニューヨークのセント・ビンセント病院に運び込まれていた。

ババは感電したのだった。回復の見込みはあるけれど、感電の衝撃によって、スクリュードライバーを持っていた手に火傷《やけど》をし、梯子《はしご》から落ちて、意識を失っていた。父は手術を受ける。火傷によって死んだ皮膚は苦労して剝がされ、太ももの皮膚が手に移植される。父は火傷を手当てする方法を教わり、痛み止めの薬と、さらには効力の予測できない、強い抗鬱剤の処方箋《しょほうせん》を持たされて退院する。働くことはできない。家族を養うことは、男として、またイスラム教徒として、いつも父にとって重大な意味を持っていた。

　僕ら家族は、母の給料と食料配給券でなんとか暮らすことができたけれど、水の中に赤い染料を垂らしたように、恥じる気持ちが父の体に染み渡っていく。母は父の苦しみを目にしながら、父の心に届くことはできない。いろいろな意味で、父の行動はレイプの誹《そし》りを受けたときと似ている。けれど今回は、執拗に祈りを捧げるだけでなく、コーランを延々と研究している。マンハッタンの裁判所で冷暖房のメンテナンスをする仕事を得て、再び働けるようになっても、かつてないほど内にこもるようになっていった。マスジド・アルシャムスに頻繁に通い、祈り、講習を受け、謎めいた会合に出席している。当初は穏健に見えたそのモスクは、ジャージーシティでも最も原理主義的な場所に変貌していった。だから、母はモスクでは女性として特に歓迎されているような気持ちになれなかったし、僕らがそれまで経験したことのないような怒りが空気中に漂っていた。イスラム教を信じない人間への寛容さを父が歴然と失っていくのはそのせいだ。母は、姉、弟、そして僕を、姉の学校の階上にあったイスラミック・センターに連れていき、そこでイスラム教徒としての家族の活動をしたけれど、ババは一緒に来ないのだ。ババは突然、イスラミック・センターのイマーム（指導者）を認めなくなった。家では、僕ら子どもたちと温かい時間を過ごすことはあったけれど、僕らを通り越して、その先を見つめることが増えていった。そんなときの父は、僕らの存在を認識せずに、コーランを強く摑む人影として通り過ぎていってしまう。ある日、無邪気に聞いたことがある。いつからイスラム教を深く信じるようになったのかと。父は、声に新しい刺をにじませて答える。「この国に来て、間違ったことすべてを目にしたときだ」

何年も経ってからのことになるけれど、ＦＢＩの捜査員たちがマスジド・アルシャムスに、「ジャージーのジハード（聖戦）オフィス」という恐ろしいニックネームを付けていたことが報道で明らかになった。

１９８０年代終盤には、世界中のイスラム教徒の目はアフガニスタンに向けられていた。ソビエト連邦とアメリカは、アフガニスタンを10年近く冷戦のゲーム盤のように利用していた。１９７９年には、アフガニスタンの共産主義政府が、反政府勢力のムジャーヒディーン（多様な反政府グループが緩やかに結合した対抗戦線）との戦いにおいて、ソビエト軍の支援を要請した。これに対応するかたちで、アメリカとサウジアラビアが率いる連合軍が、何十億ドル規模の資金と武器を反政府勢力に送り始めた。こうした情勢による破壊行為のおかげで、アフガニスタンの人口の約3分の1が、主にパキスタンに脱出した。

父のモスク、マスジド・アルシャムスは、地上階に中華のテイクアウト・レストランと宝石店が入る建物の3階にある、剝がれかけた灰色のペイントのような場所だ。それでも、世界中のシャイフ(イスラムの長老)や学者たちを惹きつけ、彼らがババや友人たちに、抵抗勢力の兄弟たちを支援するように働きかける。僕の父や、苦しい生活をしているうえに選挙権も与えられていないモスクのメンバーたちは、目的意識に夢中になる。特に父をうっとりさせる識者に、パレスチナ出身のスンニ派の扇動者であるアブドラ・ユセフ・アッザムがいる。

アッザムは資金調達のための全米ツアーを行なっていて、「ジハードとライフルのみ。交渉も、会議も、対話も必要ない」という戦闘的な激しい掛け声で聴衆を集めている。アッザムはこのときすでに、当時サウジアラビアから出てきて経済学を専攻していた若き学生時代のオサマ・ビンラディンを指導し、家族の縁故(かつ家族の小切手帳)を携えてパキスタンに渡り、ソビエト軍との戦いを支援するよう彼を説得していた。「どれだけ長い道になろうともジハードは続ける」と、アッザムは講演に集まるアメリカのイスラム教徒に約束する。「息が絶える、最後の瞬間まで」。そして、魔術的リアリズムとも言えるような戦場の物語で、彼らを鼓舞する。それは、ソビエト軍の銃弾をはね返す肉体を持ったムジャーヒディーンが、天使に付き添われて、降りかかる爆撃から鳥の一団に守られながら馬に乗って戦う、というようなストーリーだった。

父はモスクでアッザムと会い、違う人間となって帰宅する。彼のこれまでの人生は、自分を取り囲む世界に動かされてきた。けれどついに、自分から行動を起こし、アッラーに対する献身を、反論の余地のない方法で明確に示すチャンスがやって来たのだ。父とモスクの仲間たちは僕らのアパートに集まり、アフガニスタンのジハードを支援する相談を夢中な様子で、大声でするようになる。資金を調達するために、マスジドの下の階に、教本、ポスター、カセットテープを売る店を開く。窓のない、暗いスペースだ。本があちこちに散らばっている。壁には威圧的に光る大きな文字でコーランの教えが書かれている。ババは僕と弟をそこによく連れていき、僕らは手伝いをする。何が起きているのか、僕らには本当のことはわからないけれど、父が生き返ったことは紛れもなくわかるのだ。

母はアフガニスタンのジハードを、ある程度は容認する。敬虔なイスラム教徒と、愛国心のあるアメリカ人。この2つのアイデンティティはしばしば衝突するものだけれど、アフガニスタンのイスラム反政府勢力とアメリカ軍との同盟は、母の宗教上の指導者と政治上の指導者が、意見の一致を見る珍しい事象なのだ。しかし父は、速すぎる勢いで突き進む。自分が崇拝するアッザムの直通番号を知っている。父と仲間たちはサバイバルの訓練のためにキャンプに出かける。射撃訓練のために、ロングアイランドのカルバートン射撃場に車で行く。モスクの長が急進化に懸念を表わすと、彼をポストから外す。母や僕ら子どものために過ごす時間がもはやなくなったのは言うまでもない。新しい学校に入って最初の日、父が僕と一緒に登校したときには、母が衝撃を受けていたくらいだ。ちょっと前まで、父の心配の種はいつも家族だったのに、今、僕ら家族は父の歓心を買うために世界中のイスラム教徒と競争しているのだ。

転機は、父が母に、もうジハードを遠くから支援するのは嫌だと告げたときにやって来た。アフガニスタンに行って武器を手にしたい、と。母は恐怖に慄き、考え直してほしいと懇願する。父は拒否する。続きはまだある。自分がムジャーヒディーンに参加するあいだ、母に、子どもたちとエジプトに行って、祖父と暮らすように求める。幸いにも、祖父はこの計画にショックを受ける。父親のいるべき場所は、妻と子どもたちのいるところだ。そう言って、祖父はこの提案を拒否する。さらには、エジプトに引っ越すようなことがあれば、一家を勘当し、路頭に迷っても放置すると父に告げるのだった。

またひとつ夢が消えてしまい、父が悲嘆に暮れるまで、さほど時間はかからない。1989年、パキスタンのペシャワールで誰かが（この人物が誰だったのか、わかることはないだろう）アッザムの説教壇に爆弾を仕掛け、暗殺を試みる。爆発は起きない。けれど同じ年の11月24日、アッザムと2人の息子を乗せたジープが金曜日の礼拝に向かう途中、暗殺者が道路に仕掛けた爆弾に点火する。3人とも死亡する。このニュースが父に与えた影響は計り知れない。20年以上が経った今、母は、アッザムが殺された瞬間に夫を永遠に失ったと記憶している。

1989年、ソ連はアフガニスタンを諦め、撤退する。それを受けて、この地域に利害を見出さなくなったアメリカもまた、引き払う。アフガニスタンは、人々も、経済も、インフラも破壊され、未亡人と孤児の国になった。父のようなジハーディストたちは、シャリーアと呼ばれるイスラム法によって統治される、世界初の真のイスラム国家を建国しようと切望する。1990

年に、オサマ・ビンラディンの盟友の一人であるエジプト国籍の盲目のシャイフ、オマル・アブドッラフマーンが渡米する。アフガニスタンを取り戻すために、また、アメリカの支援を受けたイスラエルがパレスチナに対して独裁を課していると見える状況を、たとえどんな手段を使ってでも終わらせるために、世界規模のジハードに向けて、忠誠を誓う者たちを集結させようとする。「盲目のシャイフ」の名前は、国務省の監視対象テロリストのリストに載っている。当然だ。エジプトのアンワル・サダト大統領の暗殺のきっかけとなったファトワー（法学者によって出される法的見解）を発令したかどで、中東で服役経験があったのだ。それでもラフマーンは、なんとか観光ビザを手に入れることに成功する。国務省が観光ビザを取り消すと、ニュージャージー州の移民帰化局の事務所にグリーンカード（永住権）を発行するよう説得する。政府の諸関係機関は、ソ連との戦いでは盟友だった国際的テロリストをどう扱うべきか、意見が一致しないようだった。

この頃、母の言い分によって僕の家族はジャージーシティからクリフサイドパークに引っ越すことになる。緑の多い静かな郊外で、映画『ビッグ』でトム・ハンクスの故郷として撮影に使われたばかりだった。母は、父とマスジド・アルシャムスの急進主義者たちとの団結を、物理的な距離が崩してくれると期待する。けれど実際には何も変わらない。毎朝父は、コーランの節やハディース（預言者ムハンマドの言行についての伝承）の教えを引用しながら母に毒づくのだ。イスラムではこう言っている、ああ言っていると。父は、母の知らない人間になっていた。仕事を終えると、長く運転をしてでも元のモスクに行くか、盲目のシャイフが熱心な信奉者たちを魅了する場として使っていた、ブルックリンの新しいモスクに行くかする。パレスチナにおけるイスラム教徒の苦境にどんどん執心し、アメリカのイスラエル支持に対する反感もまた深まった。もちろん父だけではない。モスクで、居間で、ハマス（パレスチナ自治区のガザを実効支配するイスラム政治組織）の資金調達のイベントで、僕はこれまでの人生ずっと、イスラエルはイスラムの敵だと教えられてきた。けれどそれを僕に告げる言葉はかつてよりも辛辣《しんらつ》に聞こえる。母はなにか災難が降りかかってくるのではないかと心配している。彼女は子どもの世話に専心して暗いトンネルの日々をなんとかやりすごそうと打ち込んだが、のちにこの頃の自分の状態を「自動操縦《オートパイロット》モード」と呼んでいた。

父は、盲目のシャイフの説法に僕を何度も連れていく。アラビア語を十分に理解していないから、バラバラの言葉をわずかにしか把握できないけれど、シャイフの残忍さに僕は怯える。説法のあとに、父に促されてラフマーンと握手をするときには、ためらいがちにうなずくだけだ。やがて、モスクの床にビニールのカバーが敷かれ、男たちが夕食のファテ（トーストしたピタと米に羊肉のスープをかけた料理）を持ってくる。それからの1時間、親や子どもたちの声が、あたりを漂う鳥の鳴き声のように聞こえ、すべてが温かく日常的に感じられるなか、僕らは食事をする。

父は盲目のシャイフと親しくなる。僕らの知らないところで、シャイフはどうやら父に、この一連のムーブメントにおいて名をあげるように促している。父は、のちにイスラエルの首相になるアリエル・シャロンの暗殺を検討し、彼が宿泊するホテルに張り込むところまでいく。最終的にはこの計画を諦めるわけだけれど、自分のことをアッラーの激しい義憤を貫くための生きる道具だと考える原理主義者にとって、潜在的な標的はどこにでもある。そのうちすぐに父は、天から自分に与えられた任務を発見する。ラビ・カハネを殺さなくてはならない。

父がまだ自由な人間だった頃の最後の記憶のひとつに、こんなものがある。ある夏の終わり、ジャージーシティでの土曜の朝、ババが弟と僕を早くから起こす。日の出前の礼拝を終えて二度寝していたのに、僕らに冒険の準備をしろと指示する。着替えをしてうとうとしながら父のあとについて車に乗る。

長時間の移動だ。緑溢れる郊外を出て空気の張り詰めたブロンクスの混雑を抜け、ロングアイランドに向かう。僕と弟にとっては4時間にも思える2時間が経ち、ついに青い大きなサインに辿り着いた。「カルバートン射撃場」

砂の駐車場に入ると、イブラヒム叔父さんが待っているのが見える。父の友達が大勢乗った車も一緒だ。仲間が砂ぼこりを立てながら楽しそうに走り回っているあいだ、叔父さんは自分のセダンにもたれている。アフガニスタンの地図とスローガンが入ったTシャツを着ている。「善行と信仰において助け合いなさい」。男たちは互いに挨拶をし、父の友達の一人がトランクを開けると、ピストルとAK−7（カラシニコフ自動小銃）がぎっしり入っている。

顔のない男のシルエットをかたどった標的が、急な傾斜の土手を背影にして立ちはだかっている。それぞれの頭上に黄色い電球がチカチカと光り、その奥の丘には樅《もみ》の木がリング状に生えている。ときどき発砲の音に驚いたウサギがそこから飛び出しては戻っていく。

ババとアミュが最初に撃って、そのあとに僕ら子どもが続いた。しばらく交代で射撃をする。父がそんな狙撃の名手になっているとはまったく知らなかった。僕はといえば、ライフルが腕にずっしりと重く、従兄弟たちほどうまく標的を定められない。的を外して土手に撃ち込んで、小さな砂ぼこりが立つたびにからかわれる。

射撃場の上に雲が低く垂れ込めてきて、すべてが影に蔽《おお》われる。中途半端な雨が降り出す。そろそろ荷物を片付けようというとき、僕の最後の番がやってきて、奇妙なことが起きる。偶然撃った弾が標的のてっぺんの電球に当たり、粉々に砕け散る――というよりも爆発し、男のシルエットが発火する。粗相をしてしまったかもしれないと心配しながら、僕は凝り固まった体ごとババのほうを向いた。

不思議なことに、彼は大きく笑って、認めるようにうなずく。

父の隣では叔父さんが笑っている。叔父さんは父と仲が良い。父がカハネを殺そうと計画していたことは知っていたに違いない。叔父さんが、満面の笑みで言う。「イブン・アブ（Ibn abu）」

何年ものあいだ、叔父さんの僕に対する考えがまったく間違いだとわかるまで、この言葉の意味に苦しめられた。

「イブン・アブ」

この親にして、この子あり。

第5章

1991年1月、ニューヨーク市ライカーズ島刑務所

バンを延々と待っている。僕らは広大な駐車場にいる。これまで見たなかでいちばん大きい。世界は灰色で寒々しく、することもなければ、見るべきものもない。あるとしたら、霧に包まれた銀色のフードトラックだけ。母に5ドルをもらって、僕らはトラックの様子を見に歩いていく。トラックはいろいろ売っているけれど、その中にクニッシュがある。クニッシュなんて、聞いたことがない。ドクター・スース（アメリカの絵本作家）の発明品みたいな響きで、綴《つづ》りもクールで奇妙だから、ひとつ購入する。何かをポテトと一緒に揚げたものだとわかる。大人になってから、クニッシュはユダヤのペイストリーだと知った。そのとき、世界でも最も有名な、扇動的なラビの首を撃った罪で、自分の父親が裁判の前に収容されていたライカーズ島に行く途中に、マスタードがたっぷりかかったクニッシュを貪り食ったのを思い出した。

ライカーズに到着すると、長く蛇行する騒がしい列に並ぶ。面会者の大多数は女性と子どもだ。ここに自分の子どもたちを連れてくることが、母にとってどんなにつらいことなのかが見て取れる。彼女は僕らをぎゅっと近くに寄せて離さない。ババがユダヤ教のラビを殺した罪に問われていると教えてくれたけれど、すぐに、その真偽を教えてくれるのはババ本人だけだ、と付け加えていた。

僕らはセキュリティを通過する。検問所はいくつもあって、終わりがないみたいだ。ある検問所では、ゴム手袋をはめた検査官が母の口の中をまさぐる。別の検問所では、僕ら全員が荷物検査とボディチェックを受ける。僕と弟にとっては簡単な作業だけれど、公共の場ではヒジャーブを外すのを禁じられているイスラム教徒の女性や少女にとっては複雑な問題だ。母と姉は女性の検査官に連れていかれる。30分ほど、僕と弟は2人だけで足をぶらぶらさせたり、なんとか勇敢なふりをしたりしながら待つ。ついに母と姉と合流すると、コンクリートの廊下を通って面会室に誘導される。そして突然、何カ月かぶりに、ババが僕らの目の前に現れる。

ババはオレンジ色のジャンプスーツを着ている。目がひどく充血している。36歳にして、げっそりとやつれ、疲れ果てて、いつもの父ではないみたいだ。けれど僕らを見ると、ババの目は愛情に溢れて明るくなる。ババのところに走っていく。

僕ら4人を腕の中にまとめて抱擁とキスで大騒ぎしたあと、父は自分は無罪だと安心させにかかる。カハネに会ってイスラム教について教え、イスラム教徒は敵ではないと伝えたかったのだ、と。自分は銃を持っていなかったし、殺人者ではない、と僕らに誓う。父が話し終えるよりも前に、母はすすり泣いている。「わかっていた」。母は言う。「心の中ではわかっていた。知っていた。わかってた」

父は姉、弟、そして僕と、順々に一人ずつ話をする。それから何年にもわたって、会うたびに、そして手紙をくれるたびに尋ね続けるふたつの質問をする。「お祈りはやっているか？　母さんには良くしているか？」

父は言う。「Z《ズィー》、私たちは今でも家族だ。そして私は今もおまえの父親だ。どこにいても、他人が何と言おうと。わかるか？」

「はい、ババ」

「だけど私を見ないじゃないか、Z。私がおまえにあげたその目を見せてくれ」

「はい、ババ」

「ああ、私の目は緑だ！　おまえの目は緑だけど、青でもあり、紫でもある。何色がいいか決めないと、Z！」

「決めます、ババ」

「いい子だ。弟と姉さんと遊んできなさい」と言いながら、父は母のほうに向きを変え、温かく微笑んだ。「私のクイーンと話さなければいけないから」

僕は床に飛び降り、バックパックから四目並べや「蛇と梯子」のゲームを取り出した。母と父はテーブルに座って、硬く手を握りしめ合いながら、僕らが聞こえないと思って低い声で話している。母は実際よりも気丈《きじょう》なふりをしている。わたしは大丈夫、あなたがいないあいだ、子どもたちの面倒は見られる、あなたのことだけが心配だ、と伝えている。あまりにも長いあいだ胸の内に抱えていた質問が、口から慌ただしく出てくる。サイード、安全なの？　ご飯はちゃんと食べてるの？　ほかにもイスラム教徒はいるの？　刑務官はお祈りをさせてくれる？　何を持ってきたらいい？　サイード、愛しているというほかに、何を言えばいいの？　愛してる、愛してる、愛してる。

銃撃事件が起きてからというもの、クリフサイドパークのアパートには戻っていない。母が白いシーツを床に広げて、荷造りをしろと言ったときに恐れていたとおりだ。僕らは一時的に、ブルックリンのイブラヒム叔父さんの家に住んでいる。寝室がひとつしかないアパートに、大人が3人、子どもが6人だ。そして一歩ずつ、新しい普通の生活を築こうとしている。

ニューヨークの警察は、僕らが家を出た数時間後に我が家を捜索した。この事件の詳細を解説できるほど僕が成長するのは何年もあとのことで、その頃には、自分は殺人者ではないという父の発言は嘘だったことがわかっていた。警察は、爆弾の作り方、ユダヤ人の暗殺ターゲット候補リスト、「世界の高層ビル」への攻撃についての言及など、国際的な陰謀を示唆する疑わしい資料を47箱分も押収していた。しかしその多くはアラビア語で書かれたもので、当局は資料の一部を「イスラムの詩」として片付けてしまう。それから3年以上が経って、一度目の世界貿易センター爆破事件が起きるまで、誰も資料の多くを翻訳しようとはしなかった（その頃になって、連邦政府の捜査官がイブラヒム叔父さんを逮捕し、彼のアパートを捜索して、僕ら家族の名前が入ったニカラグア国籍のパスポートを発見した。どうやらカハネを殺害する計画がすべてうまくいっていたら、僕はスペイン語の名前を名乗り、中米で育つことになっていたようだ）。当局は、僕らのアパートから押収した47箱を無視しただけではなかった。FBIは、父が仲間とカルバートン射撃場で訓練している様子を写した監視カメラ映像も持っていたが、誰もこの時点でいくつもの点をひとつの線で結ぼうとはしなかった。ニューヨーク市警の捜査責任者は、父が単独犯だと主張する。けれどそれは、事件が起きてからずっとあとに、調査報道ジャーナリストのピーター・ランスと政府が証明したとおり、ばかばかしい考えだったのだ。

何年もずっと、父が少なくとも1人、もしかすると2人の共謀者と一緒にマリオットホテルに入ったという説が優勢だった。結局、父のほかに誰も起訴されてはいないけれど。父は、大半がユダヤ教正統派の聴衆に紛れるために、ヤムルカ（ユダヤ教徒の男性がかぶる小さなふちなし帽）をかぶっていた。そして、カハネがアラブの脅威について熱弁を振るう得意技を披露しているところで、演壇へと近づく。父は一度足を止め、「いまだ！」と大きな声で叫んだ。そしてラビを撃ち、宴会場から走り出た。カハネの支持者の一人である73歳の男性がそれを止めようとした。父はその男性の足を撃ち、通りに向かって進み続けた。報道によると、あの夜、母に電話をしてきたタクシー運転手のレッドが、マリオットの外で待機している予定だった。けれど、ドアマンに移動しろと言われたらしい。だから父は間違ったタクシーに乗り込んだ。1ブロック進んだところで、別のカハネ支持者がタクシーの前に出て父が逃げるのを防ごうとした。父は銃を運転手の頭に突きつけた。運転手は車から飛び出した。そして父もタクシーから飛び出した。父はレキシントン・アベニューを走って南下しながら、郵便局担当の警官と銃撃戦を繰り広げた。防弾チョッキを着ていた警官は、撃たれて地面に倒れた。一説によると、父の共犯者たちは地下鉄で逃げたということになっている。

父が単独犯でなかったことは、歴史が証明することになる。けれど、1990年当時のニューヨーク市警はまだその時点で、世界規模のテロ組織という概念を理解していなかった。というよりも、実質的には誰も理解していなかった。市警は、テロ組織を起訴することに興味を持ってもいなかったのだ。

僕らはクリフサイドパークの学校にも戻っていなかった。暗殺事件が起きた翌日の朝、メディアがそこに詰めかけたために、安全だとも、歓迎されているとも感じられなくなっていた。僕らが行く場所がないのを知って、ジャージーシティのアル・ガザリーというイスラム学校が奨学金を提供してくれ

08 SUPERな写真家
レスリー・キー

何も持たないマイノリティだった青年が、採算度外視でアジアのスター300人、東京の1000人を撮り、写真展に5万人を動員する。スーパーポジティブな情熱でもって愛と希望を撮って人を動かす写真家による日本人へのエール。

09 ファッションは魔法
山縣良和＋坂部三樹郎

ファッションの魔法を取り戻す。1秒でも着られれば服になり、最大瞬間風速で見る人を魅了し世界を動かす。自らのやり方でクリエイションの常識を覆してきた2人の若き旗手が、未来の新しい人間像を提示する。

10 本の逆襲
内沼晋太郎

本はインターネットもスマホもSNSもイベントも、すべてのコンテンツとコミュニケーションを飲み込んで、その形を拡張していく。若きブック・コーディネーターが、新しい本の可能性を指し示す。明日の本も本屋も面白い。

11 ヒップな生活革命
佐久間裕美子

アメリカ人の意識が、大きく変わり始めた。新たなる「ヒップスター」たちが社会の中で独立した場所を広げている。ニューヨークに住みアメリカ文化を追い続けてきたライターが、現地で進化する「生き方の革命」をレポートする。

04 非道に生きる
園子温

性・暴力・震災などの衝撃作で賛否両論を巻き起こし続ける鬼才映画監督・園子温。社会の暗部を容赦なく明るみに出す刺激の強すぎる作家が、壮絶な人生とともに、極端を貫いて「道なき道」を生き抜いた先の希望を語る。

05 外食 2.0
君島佐和子

社会性を意識した店が、「おいしさ」を絶えず更新する。激しく変化する「食」を楽しむために必要な知恵とは何か? 作り手の視点で食のトレンドを発信し続ける著者が、食欲の最前線に立って、新しい「味わう技術」を伝える。

06 世界婚活
中村綾花

ガラパゴス化した「結婚」のプレッシャーから抜け出そう。日本に相手がいなければ、世界で探せばいい。日本と世界の「モテ」はこんなにも違う。閉塞した日本の恋愛に大きな風穴を開ける、若きラブジャーナリストの奮闘記。

07 日本をソーシャルデザインする
グリーンズ編

社会の問題を楽しく解決する「ソーシャルデザイン」の種は、日本で花開き世界に羽ばたく。月間読者15万人のウェブマガジン「グリーンズ」がおくる、未来をつくるためのグッドアイデア集・第2弾。日本発の事例を中心に紹介。

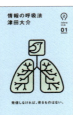

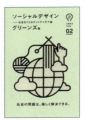

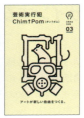

紋切型社会
言葉で固まる現代を解きほぐす
武田砂鉄

日本人が連発する決まりきったフレーズを入り口に、その奥で固直する現代社会の症状を軽やかに解きほぐす。新しい書き手による自由な批評。

四六判／288頁
1700円

シルバーアート
老人芸術
鞆の津ミュージアム・監修

超高齢化社会とともに、アートにも「老人の時代」がやってきた。若者よりも奔放に我が道をゆく、じいちゃん12人の自由すぎる創造。

A5判変型／172頁
1700円

この写真がすごい2
「すごい」だけで選んだ、無差別級の写真たち。
大竹昭子・編著

『この写真がすごい』第二弾。裸、葬式、よっぱらい、巨大ダコ……。プロ・アマ、年齢やジャンルも関係ない70枚。言葉で新たに写真と出会う。

A5判／192頁
1800円

対訳　21世紀に生きる君たちへ
司馬遼太郎
ドナルド・キーン監訳／ロバート・ミンツァー訳

司馬遼太郎が小学生の教科書のために書き下ろした「21世紀に生きる君たちへ」「洪庵のたいまつ」を収める。新しい時代の指針となる一冊！

四六判上製／48頁
850円

リアルな会話CD付き
接客現場の英会話
もうかるイングリッシュ＊
中村好明

インバウンド（訪日外国人旅行）の第一人者による現場感覚あふれる表現集。最適な言葉のおもてなしが誰でも可能に。物販・飲食・宿泊に対応。

A5判／176頁
1500円

月刊
CNN english express＊
CNNライブ収録CD付き　毎月6日発売
Apple「Newsstand」で電子版配信中

世界に通用する英語力が身につく！米ニュース専門テレビ局CNNから、厳選したニュースやインタビューなど「生きた英語」を教材にしてお届け。

B5判
1333円

極端だから、人をひきつける。
非道に生きる
園子温

作品発表のたびに衝撃を与え続ける鬼才監督の、破天荒で壮絶な人生。自分が面白いと思うものだけを追求せよ。創造する人へ、生きる人へ。

B6判変型／180頁
940円

アメリカから、変革の波が広がる。
ヒップな生活革命＊
佐久間裕美子

おいしくなった食、地元生産を貫くブランド……など、アメリカで起こり日本にも広がる「生き方」の変革の波をNY在住ライターが語る。

B6判変型／180頁
940円

自殺

第30回講談社エッセイ賞受賞

末井 昭

母親のダイナマイト心中から約60年。伝説の編集者が丸裸で綴る、衝撃の半生と自殺者への想い。笑って脱力して、死ぬのがバカらしくなります。

四六判／360頁
1600円

ばらの夢折り紙 *

解説DVD＆オリジナル色紙付き

川崎敏和

初公開の作品を含む全6種類のカワサキローズほかを収録。著者が詳しく解説するDVDで、初心者でも簡単に作れる。特選色紙30枚付き。

AB判変型／80頁
2000円

マララ・ユスフザイ国連演説＆インタビュー集 *

［生声CD＆電子書籍版付き］日英完全対訳

タリバンの銃撃にもひるまず女性の権利と教育の大切さを訴え続ける少女マララさん。ノーベル平和賞にもつながった彼女の演説を収録。

A5判／96頁
1000円

スタンフォードの「英語ができる自分」になる教室 *

［生声CD付き］日英完全対訳

ケリー・マクゴニガル

意識が変われば、英語力はぐんぐん伸びる！ だれも教えてくれなかった「学習のひみつ」をスタンフォード大学人気講師が解き明かす。

A5判／96頁
1000円

超辛口先生の 赤ペン 俳句教室
夏井いつき

人気番組『プレバト!!』(MBS・TBS系)俳句コーナーの本! 初めての人でもうまくなる、やさしい俳句入門書。

四六判/160頁
1300円

映画ブ、作りました。
千秋&苺の映画感想ノート
千秋

愛娘との映画鑑賞を楽しく綴った超人気ブログがまるごと一冊に! 映画を観ていっしょに感動し、親子関係も自然とよくなる魔法の子育て術。

A5判/168頁
1200円

絵でよむ百人一首
美しい日本語の原点
渡部泰明

「『百人一首』は人生の教科書である」と語る著者の平易で心に染み入る新訳と解説、絵を一緒に味わうヴィジュアル版百人一首の決定版!

四六判/224頁
1400円

この法則でゾーンに入れる!
集中「脳」のつくり方
茂木健一郎

今すぐ実践できる集中力が磨ける全テクニックを解き明かす。仕事、勉強、スポーツで最高の結果を出すゾーンの秘密がわかる本。

四六判/176頁
1400円

た。イブラヒム叔父さんのTシャツに書いてあった「善行と信仰において助け合いなさい」というスローガンは、暴力だけでなく、親切心への呼びかけにもなりうるということを証明してくれた。

母は奨学金をありがたく受け取ることにして、再びジャージーシティに引っ越しをする。うちの家計で住めるのは、レザボア・アベニューの、ほとんど人気もないような端っこの地域だ。母は家主に頼んで窓に格子を付けてもらったが、姉と弟と路上で遊ぶときに酔っ払いの嫌がらせを防ぐにはいたらない。そして僕らは再び引っ越しをする。今度はセント・ポール・アベニューの同じくらい怪しい場所に。ある日、母が学校にお迎えに出ているあいだ、押し入りが運べるだけのものを盗み、コンピュータのキーボードの上にナイフを置いていく。こんな状況の真っただ中、僕らは学校に戻る。僕は1年生。時はその年のど真ん中で、たとえ僕が恥ずかしがり屋でなかったとしても、たとえ父が悪名高い人物でなかったとしても、転校するタイミングとしては最悪だ。

アル・ガザリーでの最初の日、僕は用心しながら教室のドアに近づく。ドアはアーチ状になっていて、巨大だ。クジラの口の中に入っていくような気分になる。生徒たちは活発にがやがやと動き回っている。けれど僕が足を踏み入れた瞬間、全員の頭がこちらを向く。すべてがぴたりと止まる。2秒ほど沈黙が続く。いちミシシッピ、にミシシッピ［★1］と数えると子どもたちが飛び上がる。椅子が引かれて、床にこすれる音がする。全員が走って向かってくる。こういうことがあまりに急に起きたので、子どもたちのエネルギーがどんなものかを解読できない。敵意があるのか？　興奮しているのか？　僕がなにか許せないことをしたのか、それとも勝利のホームランを打ったのか。子どもたちはみな、それぞれの音量で叫び声を上げている。そして同じ質問を投げかけてくる。「君の父さんはラビ・カハネを殺したの？」みんな僕にイエスと言ってほしいように思えるし、ノーと言ったらがっかりさせそうだ。先生が僕のところに来ようとしている。子どもたちを引き剝がし、座りなさい、座りなさいと命じている。20年以上が経った今でも、僕はこの思い出にたじろいでしまう。あまりの居心地の悪さに、僕にできるのは肩をすくめて笑みを浮かべることだけだ。

1991年初頭、冬の何カ月かのあいだ、メディアと世界の大半は、ババがモンスターだと信じている。母は、ユダヤ防衛同盟が彼らの流儀でいうところのファトワーを発令したという噂を耳にする。「ノサイルの息子たちを殺せ」というものだ。それなのに、多くのイスラム教徒にとって、父はヒーローであり殉教者なのだ。彼らの理屈によれば、カハネ本人こそ偏見の持ち主で、暴力と報復の提唱者で、過激派で、多くのユダヤ教徒からも非難される

★1 数の数え方。日本語の「いーち、にーい」に近い。

対象だった。アラブ人を犬と呼び、必要とあらば武力を使ってでも、イスラエルにアラブ系住民を一掃してほしいと望んでいた。だから僕の父がいたるところで悪魔のように扱われている一方で、家族連れのイスラム教徒たちが道端で僕らに感謝の言葉を言ってきたり、世界のさまざまな場所から寄付金を送ってくれたりする。寄付金のおかげで僕ら一家は食べていけたし、僕ら兄弟の幼少時代にだけ可能だった無駄遣いもできた。ある夜、母が百貨店のシアーズのカタログを広げて、ほしいものを何でも買ってあげると言う。僕は「ティーンエイジ・ミュータント・ニンジャ・タートルズ」の商品を見つけたかぎりすべて選んだ。アル・ガザリーでは、クラスメイトの父親がカハネの殺害を喜ぶあまり、僕を見るたびに立ち止まって100ドル札をくれた。だから彼に偶然会う機会をなるべく作ろうとした。初めてのゲームボーイは、この人からもらったお金で買ったものだ。世界は僕にまぜこぜのメッセージを送っているかもしれないけれど、ゲームボーイはゲームボーイに違いなかった。

マイケル・タリフ・ウォーレンという活動派の弁護士が、それまで父の弁護人を務めていた。意外なことに、伝説的な公民権の提唱者で、揺るぎない急進主義者として知られるウィリアム・クンスラーが弁護を申し出てくれて、ウォーレンはそれを快く受け入れる。悲しげな面長の顔をしたクンスラーは額の上にメガネを乗っけていて、ワイルドな白髪を生やしていた。彼はいつも陽気で温かく、父が公正な裁判を受ける権利があると信じていて、ときには自分のチームを連れてうちのアパートで合宿し、母と一緒に遅くまで裁判の戦略を練ることもある。ときにはグリニッジ・ヴィレッジのオフィスにこちらから彼を訪ねることもある。クンスラーの机の上にはミケランジェロのダビデ像があり、僕らが立ち寄ると彼は、母と姉に対する敬意から、自分のネクタイを外して銅像の恥部に巻きつけて隠す。

クンスラーは、陪審員を説得しようと思っている。身内の人間が金銭の揉め事をめぐってカハネを殺し、父に罪をなすりつけたのだ、と。母もその筋書きを信じている――夫は無罪だと約束したのだから、暗殺にはなんらかのわけがあるに違いない。こうして僕らはみんな父の大義に呑み込まれる。報道によると、16万3000ドルがババの弁護のために寄付された。イブラヒム叔父さんがオサマ・ビンラディンに連絡し、彼から2万ドルの献金を受け取る。

僕らはたびたびライカーズ島に父を訪ねる。刑務所の制服を着ている父を何度も見たから、それ以前の記憶も塗り変えられてしまう。事件から20年以上が経ってから、父が逮捕される1年か2年前、クリフサイドパークで夕食のテーブルを囲んだ家族の姿を思い描こうとした。僕の想像の中で、陽気に家族に話しかけ、羊肉の載った皿を回す父の姿は、オレンジ色のジャンプスーツを着ているのだ。

第6章

1991年12月21日、マンハッタン・ニューヨーク州高位裁判所

法廷の片側には父の支援者たちが座り、反対側にはカハネの支援者たちが座っている。まるで結婚式のように。裁判の最中に、歩道で小競り合いが喧嘩に発展するという事件があったので、今日は法廷に警官が35人配備されている。土曜日だ。陪審団はもう4日間も評議している。そのあいだ、州の検察は陪審団に、エル・サイード・ノサイルが憎悪に満ちた男で、単独で犯行に及んだという議論を展開していた。主任検察官は陪審団に向かって357マグナム銃を持ち上げ、父を見つめたあとに向き直って言った。「この銃が1

人の命を奪い、2人を負傷させ、たいへんな数の人々を恐怖に陥れた。審判を下し、『ここでは許されない、ノサイル。ここでは許されない』と告げなさい」

陪審員たちはまた、クンスラー率いる父の弁護団が、カハネは自分の取り巻きの中にいた敵によって殺されたという論を展開するのを聞いていた。犯人たちはレキシントン・アベニューで血を流して倒れている父の横に凶器を置くことで、罪をなすりつけようとした、と。マリオットホテルの大混乱のせいで、父がカハネを撃つのを見た記憶のある目撃者は一人もいない。陪審員たちは、そう繰り返し言い聞かせられたのだった。

陪審団が判決を携えて戻ってくる頃には、午後も遅い時間になっていて、僕らはジャージーシティの自宅にいる。電話が鳴る。母が出る。イブラヒム叔父さんの妻のアミーナがあまりに大声で叫んでいるので、僕にも聞こえる。

「有罪じゃない！ 有罪じゃない！」

判決を受けて法廷は紛糾する。片方からは怒りの叫びが、もう片方からは安堵の泣き声が聞こえてくる。まるでぶつかり合う嵐の前線のようだ。裁判長はといえば、陪審団の判決に呆れている。陪審員たちに、判決は「常識と論理が欠如したもの」だと告げる。そして、その発言だけでは理解されないと恐れるように、付け加える。「被告はこの国、この国の憲法、この国の法律、そして平和的に共存しようとする人々をレイプしたと、私は信じている」

陪審団は、武器の所有、暴行（郵便局担当の警察官と年配の男性に対する）、強要（タクシーの乗っ取りにおける）など、父の比較的軽い容疑については有罪判決を下した。裁判長は、法律で許されるかぎり最長の、7年から22年の懲役を言い渡す。法廷は、陪審団が退廷したあとも大騒ぎだ。カハネの支援者の一人が、空になった陪審団席を指して叫ぶ。「陪審団にはわれわれの仲間が一人もいなかった」。その後、さらに連呼する。「ノサイルに死を！　ノサイルに死を！　アラブの犬たちは死ね！」

父が殺人の罪で有罪判決を受けなかったことは、僕の家族に若干の希望を与えたけれど、最終的には余計に傷つくだけだった。父の弁護団は控訴すると誓う。僕は8歳で、ババが今にも扉を開けて戻ってくる、そして僕らは元の生活に戻っていくのだと確信している。けれども父が現れることはない。そして父が現れない日が1日過ぎていくたびに、僕はさらに内側にこもっていく。

裁判から1年も経たないうちに、我が家への寄付金は停滞し始め、それだけで生活するのが難しくなる。父の友人たちは僕らをまだ大切にしてくれたけれど（配達の仕事をするモハメド・サラメーは、姉が年頃になったら結婚すると約束した）、そうは言っても彼らはジハードのほうにより篤《あつ》い忠誠心を示していている（サラメーは、姉が10代にもならないうちに、世界貿易センターのテロ攻撃に関わって、240年の懲役判決を受けることになる）。僕らはニュージャージー州とペンシルベニア州を立て続けに引っ越して回り、それはだいたいの場合、殺害の脅迫が理由だった。僕が高校を卒業するまでに、家族は20回も引っ越しすることになる。

僕らはいつも危険な地域に住んでいる。イスラム教徒の家族が周りにはいないような地域に。僕は学校で殴られたり蹴られたりする。みんなと違うから。小太りだから。あまり話さないから。母が道を歩くと、頭に巻いているスカーフとヴェールのおかげで、「おばけ」とか「ニンジャ」とか呼ばれる嫌がらせに遭う。何においても、何かが変わらずにずっと続いていくという概念がない。誰かがいつも、僕らが何者かを見抜く。あのノサイル一家だと噂が広がる。恐怖と屈辱がよみがえり、また引っ越しをする。

こんな生活の最中に、父親を恋しく思うという、果てしのない虚無感がある。父の不在は、頭の中にもう他の何も存在できないくらいに、大きく広がっていく。父はここにいなくて、僕とサッカーをすることもない。いじめっ子たちにどう対処すればいいのか教えてくれない。外の人々の嫌がらせから母を守ることもできない。父はアッティカの州立刑務所にいる。そして少なくとも、僕が15歳になるまでは帰ってこない。もしかしたら29歳になるまで帰ってこないかもしれない（いつも頭の中で、その計算をしている）。父のことはもう当てにできないと自分に言い聞かせている。けれど、彼を訪ねるたびに、希望がよみがえってくる。家族が一緒にいるのを見ると、すべてが可能に思えてくる。現実には、それが本当でなくても。

僕が9歳のある週末、母が車でニューヨーク州を突っ切って、州の端っこの、カナダのそばにあるアッティカに、僕らを連れていく。フェイクの木製パネルが車体の両サイドに取り付けられた古いステーションワゴンだ。母は後部座席を倒して、僕らが望めば眠ったり、遊んだり、転がったりできるようにしてくれた。ニュージャージーを出発してからというもの、僕は緊張のエネルギーで沸騰状態だ。今週末は、チャイニーズチェッカー以外何もすることのない大きくて退屈な部屋に父を訪ねるだけではない。今週末は、父親と一緒に「暮らす」のだ。なぜそんなことが可能なのか、母は説明しようとしてくれたけれど、それでも、想像することはできない。どういうわけか母が家族のために料理をしてくれるということで、途中で食料品を購入し、母はエンテンマンのチョコレートチップ・クッキーを1箱買ってくれた。柔らかいやつだ。車に戻った頃には、ババに会えるということと、さらにクッキーのこともあって、僕は前の2倍くらい興奮している。母はバックミラーで僕を見て笑う。僕が幸せそうにする姿を母が見ることは、もうなくなっていたから。

アッティカは巨大な灰色の建物で、鬱《うつ》の王様が住む城のようだ。僕らはセキュリティを通過する。刑務官たちが、食料品を含めたすべてを検査する。食料品は、完全に封がされていないといけない。

「ひとつ問題がある」と刑務官の一人が言う。

刑務官はエンテンマンのクッキーを取り上げる。箱に問題がある。上部のセロハンに穴が開いていて、僕がクッキーを持って入るのを許してくれない。僕の目が涙でちくちくする。僕らがここを離れた瞬間、刑務官たちがクッキーを食べるのはわかっている。彼らはクッキーに異常がないことを知っているのだ。

母が僕の肩に手をかける。「教えてあげる」。母がささやく。返事をしたら声が震えてしまうし、刑務官の前で恥ずかしい思いはしたくない。だから期待のこもった目で母を見つめると、屈んだ彼女は素晴らしい言葉を耳元で紡ぐ。「もう1箱買ったのよ」

父に向かって芝生を駆ける。彼は満面の笑みを浮かべ、もっと早く、もっと早く走れと手を振っている。僕らのような家族が週末を一緒に過ごせるように、アッティカの塀の中に建てられた白い平屋建ての郊外型の家の前に立っている。ピクニックテーブルとブランコ、屋外用のグリルが置いてある。父のところに辿り着く頃には息が切れている。僕は父の腰に手を回し、僕を持ち上げるためにしゃがみこんだ父は、僕が大きすぎて持ち上げられないふりをする。「ヤ・アッラー」。Z《ズィー》はジノーマス（巨大）のZに違いない」。父が声を上げる。そして、刈られたばかりの芝生に背中から倒れる。数秒間、取っ組み合うと、今度は弟がブランコから呼んでいる。「押して、ババ、押して！」

この週末は完璧だ。退屈な瞬間だって完璧だ。なぜならその時間は普通だから。隣の家の家族とサッカーをする。夕食にスパゲティ・ミートボールを、デザートにエンテンマンのチョコを食べる。そして父と母は早くにおやすみなさいを言って、寝室に消えていく。姉が弟に寝なさいと言い、疲れてない、ちっとも、と言い返した弟は30秒もしないうちに、居間の黒い革のソファで寝てしまう。だから姉と僕はこの瞬間を利用して、刑務所の図書館でバスケットに忍ばせておいた『クージョ』のビデオを見る。優しいセントバーナード犬がコウモリに嚙まれて狂犬病にかかり、コネチカット州で発狂するという話だ。姉と僕は映画を見ながら、身を寄せ合う。僕らがこの映画を見ているのを知れば、母こそが発狂するだろうけれど、それがスリルを増してくれる。

そんなふうにしてこの週末は、僕らは実際に、ババがいつも主張するとおりの「家族」だった。そりゃあ、毎日夕方6時に電話が鳴り、逃げる気がないと証明するために、父は自分のフルネームと刑務所での身分証明書番号やらなにやらを唱えなければならないけれど。そりゃあ、郊外風の緑色した庭の周りに鉄条網が張り巡らされているけれど。もちろんそれに輪をかけて、高さ9メートルもある巨大な灰色の壁があるけれど。それでも僕ら5人は一緒にいて、だから世界は恐れるべき場所ではないように思えた。大きな灰色の壁は僕らを守っているかのようだった。父をこちら側に閉じ込めているのではなく、その他の人たちを締め出しているかのように。

毎度のことだけれど、この光景には僕の理解を超える事情がある。ババは一緒にいるときは優しいセントバーナード犬かもしれないけれど、家族が去ると同時に、激しく怒りだすのだ。僕らは疲れて茫然としながらも、幸せな気持ちと危険な希望を抱えながら、ニュージャージーまで帰る終わりなきドライブのためにステーションワゴンに再び乗り込む。そのとき、父は監房に戻って、自分に判決を言い渡したユダヤ系の判事について不平不満をぶちまけたり、モスクからの訪問者たちに彼を殺すよう指示するのだ（「俺が判事に慈悲をかける必要があるか？　やつが俺に慈悲をかけたか？」）。その計画が頓挫すると、父はさらに卑劣な筋書きに目を向け始める。自分たちは本当の家族だと僕が夢想しているあいだに、父はツインタワーを倒壊させることについて妄想しているのだ。

第7章

1993年2月26日、ニュージャージー州ジャージーシティ

そろそろ僕は10歳になる。もう何年も学校でいじめられている。いじめの原因は父の存在だけだ、と自分に嘘をつくことはできない。おそらく残りの人生をかけても解明できない理由で、僕は磁石のように虐待を引きつけてしまうようだ。いじめっ子たちの最新のワザは、僕がロッカーを開けようとするときに合わせて僕の額をそこに叩きつけて逃げるというものだ。これが起きるといつも校長先生は「関係者各位に公正」でありたいと言うので、いじめっ子と一緒に居残りさせられるのが常だ。怒りと恐怖は、僕の腹の中に定住してしまっていた。今日は金曜日で、母は学校を休ませてくれた。理由については2人で相談して「おなかの虫」のせいだと言おうと決めた。

僕はソファに陣取って、『ハリーとヘンダスン一家』を見ている。ビッグフットのような未確認生物を警察から匿《かくま》う家族についての映画だ。警察は、この生き物がどれだけ優しくて親切か、わかっていない。映画の最中に、速報が入る。母は寝室にいて、歴史物の小説を書こうとしている。だから今回は母がテレビを消すことはなかった。

世界貿易センターのノースタワーの地下駐車場で爆発があった。ニューヨーク市警、FBI、アルコール・たばこ・火器および爆発物取締局(ATF)が現場にいて、当初の説明では、変圧器が爆発したということだった。

僕は母の寝室のドアをノックする。返答がないので、ドアをちょっと開ける。母は机の前に座っている。小説を書くという行為に没頭している。中東に行ってなんらかの冒険をするアメリカ人女性の話だ。僕が知っているのはそれだけで、彼女はトランスのような状態でタイプしている。

「出てきたほうがいいよ」。僕は言う。「何か起きてる」

「無理よ」。母は顔を上げずに言う。

「でも……」

「やめて、Z。ヒロインが砂嵐に遭遇して、ラクダが動かないのよ」

だから僕はソファにどさっと座り、その後何時間も、ストーリーが展開していくのを見ている。破壊の残骸は恐ろしい状態だ。灰にまみれた人々がよろめきながら出てくる。レポーターが「こんな状況は見たことがありません」と言っている。午後3時に母が寝室から出てきて、洞窟から現れてきたかのように、日差しに目をしばたたいている。テレビを見て、動きを止めて言う。

「どうして教えてくれなかったの?」


爆発の現場では、何百人というFBIの捜査員が瓦礫《がれき》を掻き分けている。

捜査員たちは、爆発物を積んだライダーバンの残骸を発見したときに、変圧器の説を打ち捨てる。ＦＢＩはバンを追跡調査して、モハメド・サラメー、つまり姉が成人したら結婚すると約束した配達夫の存在を突き止め、３月４日に彼がレンタカー会社に現れて、バンが盗まれたと報告したうえに、４００ドルの保証金を返せと要求したところを逮捕する。その後の数カ月、本土でテロが起きたという前代未聞の事態と、政府の関係機関がそれにまったく気づいていなかったことに、アメリカは打ち震える。共謀者の最後の一人が有罪判決を受けるまで何年もかかることになるけれど、この計画がどうやって練られたのか、驚くべき情報が毎日のように浮かび上がっていく。

その中でもひとつ、ぎょっとするようなある事実が浮上する。アッティカの監房にいる父が、訪問者たちを地元の関係者との連絡係に使って、この攻撃の戦略立案を助けたという事実だ。関係者の中に、父の古い指導者である「盲目のシャイフ」がいた。シャイフは、テロリストとして知られていながらまだアメリカに住み、ファトワーを発令していた。そして信奉者たちに「スピリチュアルな指導」を施していた。政府によると、彼は世界貿易センターの陰謀を奨励しただけでなく、実現すればはるかに多くの死傷者を出したはずの計画を認めていた。10分のあいだにあと5個の爆弾が、国連本部ビル、リンカーン・トンネルとホランド・トンネル、ジョージ・ワシントン橋、FBIもオフィスを構える連邦ビルと、ニューヨーク市内の5カ所で爆発する予定だったのだ。

けれど世界貿易センターの作戦は、実務上は、クウェート生まれのラムジー・ユーセフが担当していた。ユーセフはイギリスのウェールズで電気工学を学び、パキスタンのテロリスト訓練キャンプで爆弾の作り方を学んでいた。1992年にイラク国籍の偽造パスポートでアメリカに入国し拘束されて、「刑務所からの釈放カード」と同じ効力を持つ、亡命申請の手段に出ていた。審議の日にちは決まっていた。

拘留施設が一杯だという理由で、ユーセフはニュージャージー州で自己誓約に基づいて釈放され、そこで仲間とともに爆弾の材料を集め始めた。爆発が起きて数時間後には、彼は問題なく出国した。そして、『ニューヨーク・タイムズ』紙への手紙の中で、「ここに言及されている建物の爆破は、我々の犯行であると宣言する」と告げていた。「この行為は、テロ国家であるイスラエル、そして中東地域の残りの独裁国家に対するアメリカの政治的・経済的・軍事的支援への報復として実施されたものである」

もちろんテロによる6人の犠牲者は、アメリカの外交政策とは何の関係もなかった。爆破テロは実際、この手の行為がすべてそうであるように、めぐりめぐってさらなる憎悪を生む結果にしかならない行為だった。無実の犠牲者たちの名前を繰り返すことが、せめてもの弔《とむら》いだ。それ以上のことができたらと思うけれど。彼らは全員「自分の人生を生きる」という行為をしていただけで命を落とした。ロバート・カークパトリック、ビル・マッコ、スティーブン・ナップの3人は、世界貿易センターのメンテナンスの監督者だった。爆発が起きたとき、みんなで昼食をとっていた。モニカ・ロドリゲス・スミスは秘書だった。妊娠7カ月で、殺されたときは事務仕事をしていた。ウィルフレド・メルカドは、「ウィンドウズ・オン・ザ・ワールド」というレストランの従業員で、配達物を搬入する作業をしていた。ジョン・ディジオバーニはデンタルケア商品の営業マンで、車を停めようしているところだった。

1995年秋までに政府は、カハネ暗殺事件のあとに我が家から没収した47箱の内容物の翻訳をようやく終えるところまできていた。

暗殺は陰謀計画の一環に違いないという判断を下した政府は、ひとつの罪で二度裁くことを禁じる一事不再理の原則の抜け穴を使って、暗殺事件と世界貿易センター爆破事件で果たした役割に関して、父を再び裁判にかけた。

父はまだ、すべての件において無罪を主張している。僕は父を信じている。なぜなら……なぜならそのとき僕はまだ12歳だったから。母は疑っている。父と電話で話すとき、声に不機嫌なものを聞き取る。父は、自分に対して企てられた陰謀について、無数の嘘をついているアッラーの敵どもについて、母を相手にわめきちらす。釈放されるための画策に満ち満ちていて、母に命令する。あの裁判官に手紙を書け！　パキスタンに電話しろ！　エジプト大使館に行け！　ちゃんとすべて書き留めているだろうな?!という具合に。母は静かに、父の言うことにイエス、イエスと答えている。

10月1日、父は、盲目のシャイフとあと8人の被告とともに、50の起訴案件のうち48件について有罪が確定し、仮釈放の可能性のない終身刑プラス15年の服役刑に処される。判決文には、モニカ・ロドリゲス・スミスのまだ生まれぬ子どもの殺害も含まれていた。

新たに一連の有罪判決を受けてから、僕らは父に一度だけ会う。今度は、ニューヨークのメトロポリタン刑務所（MCC）で。母は自分と子どもたちの今後について心底怯えている。我が家は極貧だ。生き残っていくための計画もない。そして父が、僕らにとって本当の父、または本当の夫に戻ることについては、まったく希望がない。父は罪を認めようとしない。母は、抱擁とキスをしようとした父から、初めて後ずさる。あまりの嫌悪感に吐き気すら催している。彼女はその後何年ものあいだ、僕らには、愛してくれる父がいると言って慰めてくれた。けれどMCCを訪問したこの日が、自分の心がついに折れた日として母の記憶に刻まれることになる。その後、父は国内の重警備の刑務所を転々とする。会いに行きたくても、僕らはもう父を訪ねるだけのお金がない。父からのコレクトコールを受けるだけでやっとだ。僕はもう、父と話したいという気持ちを失っている。話して何になるというんだ？　父が言うのは「お祈りはやっているか？　母さんには良くしているか？」だけで、僕が言いたいのは「ババこそ、母さんに良くしてくれている？　母さんがお金もなくて、いつも泣いてるのを知っている？」ということだけだ。けれどもちろん、怖くてひとつも言えない。だから父と僕は、意味のない同じ会話をし続ける。僕はすべてが終わってほしくて、弾力のある電話コードを強く、強く手に巻きつけるのだ。

母も終わりを望んでいる。彼女にとって意味があるのは、今はもう子どもたちだけだ。

母は離婚を要求し、僕らは全員、名字を変える。

父との最後の面会は、もう過去のことになっていた。

上：1991年、ライカーズ島に父を訪ねる著者。
右：1994年、アッティカ刑務所に父を訪ねる著者。背景に見える小さな家で、家族は週末を一緒に過ごした。

第8章

1996年4月、テネシー州メンフィス

僕は父の影響から解放された。けれど暴力の教え、その破壊行為と無意味さにはまだ終わりが来ない。新しい学校がひどいのと、いま地平線の彼方から登場しようとしている意地の悪い継父のおかげで。僕は13歳で、マーティン・ルーサー・キング・ジュニア牧師の教えを体得したふりはできない。僕の敵だって苦しみを抱えていること、報復の先には行き止まりしかないこと、痛みが自分を救い、変えてくれる可能性があること、そういう教えのことだ。単に殴られるのは嫌だ。殴られることで怒りが募り、自己嫌悪で一杯になる。

そしてその都度、反撃する。けれど高校の廊下だろうと世界の舞台だろうと、僕の経験はすべて、非暴力のみが諍《いさか》いに対する、正気の、人道的な対応だとついに理解する日につながっていく。

新しい学校のことは、クイーンズリッジ中・高校と呼ぶことにしよう。僕は数少ない「白人」の子どもだった。僕は生まれてからずっとマイノリティには白人《コケージャン》と見なされ、白人にはマイノリティと見なされてきた。さらには南部出身でもない。だからいじめっ子たちが僕を殴る理由は、選べるほどあったのだ。僕を守ろうとしてくれるのは、先生が1人だけ。あとの連中は暴行を助長しているようなものだ。ある日格別ひどい暴力を受けて、母が警察に電話したときも、被害届さえ受理してもらえなかった。学校は悪夢だ。廊下で麻薬の取引が行なわれている。ギャングの暴力が横行している。社会科の授業の途中で先生が席を外したときに、生徒2人が教室のうしろのほうでセックスをし始めたことだってあった。

こんなことが起きている最中に、父が刑務所から電話してきた。声に怒りと動揺がにじんでいる。姉、弟、僕へのいつもの質問をせわしなく終えて、母を電話に出すように求める。母は離婚以来、父と話をしていない。受話器を差し出すと、母は尻込みしている。僕はどうしていいかわからない。拝むような表情をして受話器を振る。「受け取って。お願い、受け取って」。ついに母は折れる。僕のために。

母が最初の言葉もろくに発さないうちに、父は出所するための最新の計画を話しだす。重要な地位にあるパキスタンの外交官がワシントンDCを訪ねる、と父は母に告げる。——おまえは彼に接触しなければならない。私をイスラエル人の捕虜と交換してもらえるよう、説得しなければならない。「捕虜との交換だけが頼みの綱だ」。父は母に言う。「おまえはこれをやらないといけない。そして、前みたいに失敗してはいけない」

母は沈黙している。

「サイード」。母がついに言う。「私はもうあなたの妻ではないし、はっきり言って秘書なんかでもない」

その後の5分間、あなたは家族の生活を破壊した、あなたは正気を失っている、もう二度とあなたの声を聞きたくない、と母が父に話すあいだ、僕は驚きで口がきけないまま、台所のテーブルについていた。父にかけられている嫌疑について、有罪を疑っていることは口に出さない。僕が聞いているのを知っているからかもしれない。いずれにしても、今、父は怒り狂っている。そして、無罪かもしれないという可能性をいっさい消し去るようなことを言う。「やらなければならないことをやったんだ。おまえもよく知っているはずだ」

母は結局、父が殺人者だと僕にはっきり告げることはない。けれど、父に対する怒りが時間を経るごとに増幅していくところをみると、僕はきっと彼を疑っているのだろう。カハネが死んだあと、父が殺人については無罪の判決を受けたこと、そして最悪の場合でも、2012年には自由の身になって家に戻ってくるということを材料に、僕は自分を慰めてきた。けれど父は、世界貿易センターの爆破を企てたことで、むごい行為に参加しただけでなく、僕らがもう二度とひとつの家族に戻らないことを確実にしたのだ。終身刑プラス15年の懲役。父はもう二度と僕とサッカーをすることはない。父自身がその運命を選択したのだ。父親であることよりもテロリズムを、愛よりも憎しみを選択したのだ。それにくわえて、僕らの家族はかつてないほど悪名高くなっていた。世界貿易センターの爆破事件は、すべてのイスラム教徒に対するアメリカの世論を汚染した。ステーションワゴンに乗っていれば、他のドライバーたちが母のスカーフとヴェールに気づき、中指を立てるか、わざわざ蛇行して僕らが道からそれるようにするのだ。買い物をしていれば、人は母の姿を見てたじろぐ。ブロークンな英語で怒鳴られることだって頻繁にあった。「自分の国に帰りやがれ」。それで僕は毎回恥じ入る。イスラム教徒だからじゃない。「うちの母はピッツバーグ生まれだ、馬鹿野郎！」と叫び返す勇気を奮い起こせなかったからだ。

僕はそのときティーンエージャーで、世界貿易センターの爆破事件が起きる前から、自己評価は穴だらけだった。学校でのいじめは永遠に終わらないし、お腹はいつも痛くて、同年代の女の子たちが自傷行為に及ぶのと同じ理由で、夜中、寝室の壁に頭をぶつけ続けるのだった。死んだらどれだけ楽で安らかだろうと考える。そのうえ、ひどい認識がまたそこに加わったのだ。自分の父が、僕よりもテロリズムを選んだという認識が。

父からの電話があって時を経ずして、母が、肺を振るわせるような恐ろしい咳《せき》をするようになり、最終的には気管支炎になる。母はあまりにも長いあいだ具合が悪く、精神的にも圧迫されていて、ある夜、僕はアッラーに導きを求めて祈る彼女の声を聞いた。2週間後、頭上の雲が分かれて光が差すようなことが起きる。僕ら一家のシャイフの奥さんから電話があり、家族の友人がニューヨーク市に住んでいて、妻を探しているいうことだった。これから起きることを鑑みて、ここではこの男の名前を変えて、アフメド・スフィアンと呼ぶことにする。

アフメドは僕の父と同じでエジプトで生まれ、電化製品ショップで働いている。アマチュアのボクサーで、体は針金のように引き締まり、筋肉のおかげで縄のように見える腕をしていた。僕の母と同様、アフメドには3人の子どもがいる。そして母と同じように、恐ろしい結婚生活から逃れようとしているところだと言っている。彼によると、別れた妻は出会う前は娼婦だった。離婚を強いられたのは、彼女が元ポン引きの家にいて、いちばん幼い子どもを腕に抱きながら、クラック（麻薬の一種）のパイプを手にしているところを発見したからだと言う。アフメドと母は、2週間にわたる電話の会話を通じてお互いのことを知るようになる。僕の父のことをアッラーに仕える英雄的な下僕だと思っていた、僕ら一家といつか出会って、自分のできるかぎり助けになれたらとこれまでずっと思っていた、アフメドはそう彼女に告げる。顔を合わせて話ができるようにと、母は彼をメンフィスに招待する。

アフメドが訪ねてくる夜、母は夕食にチキンを焼き、米を炊いてサラダを作る。僕は父親という存在に飢えていたので、アフメドが席につく前から彼を愛する準備万端だ。彼は善良なイスラム教徒のように見える。食事をとる前に、祈るように指示された。彼はボクサーだからと、僕はもうすでに、学校で反撃するための方法を教えてもらう夜遅くの特別レッスンを想像している。これまでずっと希望というやつにはツイていなかったけれど、僕らの家族全員、特に母は子どもたち以上に幸せな時間を経験してもいいはずだ。母と3時間前に初めて会ったばかりの男が食卓を見回して不吉の前兆を口にしたとき、僕の目は涙で一杯になる。「子どもたち、心配するな。おまえたちの父親がやって来た」

夏の終わりには、僕らはニュージャージーに舞い戻り、アフメドの子どもたちと会った。母とアフメドが結婚したあと、イスラム教徒版『ゆかいなブレディ一家』［★2］は、父親がアパートを借りるために貯金をするあいだ、ニューアークのモーテルに滞在する。僕はアフメドの家族と仲良くしようとするけれど、難しい。そのうち彼の息子の一人と僕が、テレビで何を見るかをめぐって小競り合いになる。アフメドは自分の息子の味方をする。罰を受けたことはこれまでだってあった。父にゴムサンダルで叩かれたこともある。けれども、罰を与える行為を楽しむ人間に、それもベルトのバックルで折檻《せっかん》されたことはない。

アフメドは、イスラム教徒であることを悪い口実として使うような男だとわかった。たしかに飲酒をしたり、豚肉を食べたりはしなかった。けれど断《だん》食《じき》はしないし、祈ることもしなければ、いい印象を与えたり、コントロールしたり、憎んだりしたい相手がいないかぎり、イスラムを持ち出すこともない。彼は狭量で、パラノイアで、恨みがましく、自分の子どもたち、特に繰り返し自分に嘘をつく息子のことは、盲目的に信用する。けれど僕らのことは、悪いことをしているところを捕まえようと必死に待ち受けているのだ。

一家はニュージャージー州エリザベスに住処を見つける。屋根裏の小さな部屋に、家具の類もたいして持たずに暮らす。アフメドの行動はどんどん奇妙になっていく。仕事に行くふりをして、家の外に何時間も立ったまま窓の向こうの僕らのことを見ている。僕には毎朝、何キロという道のりを学校まで歩かせ、こっそり車であとをつける。食料を買うお金はほとんどないに等しいのに、自分の子どもであればピザを食べに連れていき、僕らには何も持

★2―1969～1974年にアメリカで放送されたテレビドラマ。子持ちの再婚カップルが築く家庭の生活をコミカルに描く。

って帰ってこない。ある週末なんて、僕と弟は栄養失調で救急病棟に行くはめになった。医師は怒りのあまり児童保護局に電話しそうになるけれど、自分だって栄養失調で具合の悪い母から、電話を置いてくれと懇願される。アフメドにとってみれば、この事件だってたいしたことではない。彼は小太りの僕を汚らわしいと思っている。2週間ものあいだ、僕のことをアラビア語で「牛」と呼び続ける。

アフメドは僕と弟がなにかルール違反をやらかすたびに罰を与える。それが本当だろうと、彼の想像上のことだろうと。拳やベルト、ハンガーを使う。ボクサーだし、取り憑かれたかのようにジムに通っているから、彼の与えるお仕置きはだいたい、容赦のない制裁だ。僕ら相手に種類の違うパンチの組み合わせを試しているのがわかる。アフメドのお気に入りの「作戦」は奇妙なフェイントで、まずは部屋の反対側から怒りに燃えた顔でやって来て、僕が手で顔を覆うと、空中に飛び上がって無防備な足を踏みつけるのだ。

母は見ていて耐えられなくなると、窓の外に視線を移す。アフメドは母に対してもあまりにも虐待的で、彼女はちゃんとものを考えることすらもやっと、というありさまだ。父親が服役して以来、僕らは道徳的に汚れてしまい、その罪から救えるのは自分だけなのだと、彼は母に言い聞かせていた。一度なんて、僕のために介入しようとした母の頭を花瓶で殴ったことだってある。

アフメドは父のような殺人者ではない。けれど、僕らのアパートの壁の内側で、愛しているはずの人間たちのあいだで、その存在は全身がテロリストなのだ。

14歳になると、僕はアフメドからお金を盗むようになる。最初はポケットに入っている小銭だった。それがそのうち、ベッドを直しているときにマットレスの下から5ドル札や10ドル札を見つけるようになる。お金を盗るのはだいたいの場合、家には食料がなくて、学校に行く途中には、ダンキンドーナツがあるからだ。みんなみたいにザ・ルーツのCDを買いたいだけのときもある。お金を盗っているのにアフメドがまったく気づかないのは驚きでしかない。次第に僕はどんどん大胆になっていく。

あとでわかったことだが、アフメドは僕が盗みをしているのをよく知っている。急襲攻撃をかけるのにいい瞬間を待っているだけだ。ある朝、僕はマットレスの下にあった20ドル札を自分のものにする。そしてクールなレーザーのペンを買う。その夜ついに、自分の寝室でアフメドに問い詰められる。

僕は告白する。謝罪もする。お金を隠していたタンスのいちばん上の引き出しに手を伸ばす。アフメドには僕らの持ち物を漁《あさ》る習慣があったから、僕は脱臭剤の容器の底を外して、その中に紙幣を隠していた。

アフメドが僕に歩み寄る。僕の部屋は小さくて、2人がいるのもやっとだ。彼との距離の近さが怖ろしい。けれどもまだ僕に手は出していない。それどころか、僕が脱臭剤の底のネジを外してお金を取り出すと、感嘆したというようにうなずく。

「こそこそしやがって」。彼は言う。

内心大喜びしているようには見えたけれど、怒っているようではないのが奇妙だった。けれどすぐにその理由がわかった。

その夜、アフメドは僕を主寝室に連れていき、夜中から翌日にかけて、僕を殴り、取り調べ続ける。おまえは俺のことを馬鹿だと思っているのだろう、と聞く。おまえは自分が誰の家に住んでいるのか忘れたのか、と聞く。おまえの小さい牛の脳みそでよくよく考えてみろ、ことが起きる前から俺にはすべてわかっているのだ、と。シャツを脱ぐように言われ、腕立て伏せを100回やるように命じられる。僕が懸命にやっていると、腹やあばらを蹴ってくる。その後、手の平をハンガーで何度も強打してくるので、数週間ものあいだ、ハンガーのフックの形を正確に表した切り傷やかさぶたが消えなくて、手に付いた疑問符のようだった。

そのあいだずっと、母は居間のソファに体を横たえてすすり泣いている。一度だけ寝室のドアのところまで来るけれど、やめてと請う前にアフメドに怒鳴られる。「ノサイルは、おまえがどんなふうに子どもを育てたかを知ったら吐き気を催すだろう。おまえの犯した間違いを正すために俺がいてラッキーだと思え」

僕自身もいじめの実験をしたことがある。11歳のとき、アジア人の新入生がいた。ステレオタイプしか知らなかった僕は、アジア人はみな武術を嗜《たしな》んでいるのだと思っていた。ニンジャ・タートルズのように試してみたらかっこいいと思い、僕は一日中、彼を挑発して戦いを挑んだ。やってみてわかったのだけれど、このアジア人の子は実のところ、武術を知っていた。僕の顔を殴ると見せかけて、こちらがよけると、頭に蹴りを入れてきた。僕は泣きながら学校から逃げ出したけれど、交通指導員に呼び止められて、保健室に送られ、目に当てて冷やすためにと冷凍のピーナッツバターとジャムのサンドイッチを与えられた。

　それは完全に屈辱的な体験だった。だからアフメドに盗みの罪で殴られたあとにまで、いじめを再び試そうとはしなかった。ある日、学校の廊下を歩いていると、年下の子どもたちがある男の子のバックパックをパスし合っている。男の子は泣いている。僕はバックパックを奪って、ゴミ箱にスラムダンクする。一瞬、満足した感覚を味わう。いじめの方程式の反対側にいるという快感は否定できない。けれど、そのいじめられた子のかわいそうな顔の表情には、僕が本能的に知っているはずの恐怖と、それと同じくらいの当惑が見て取れて、ゴミ箱からバッグを取り出して、彼に手渡す。共感《エンパシー》とはどういうものなのか、それがなぜ権力や愛国主義や宗教的な信仰よりも重要なのか、誰も腰を据えて教えてはくれなかった。けれど僕は、その廊下で学んだ。自分がされてきたことを、他人にすることはできない、と。

第9章

1998年12月、エジプト・アレクサンドリア

アフメドが最後に僕に手を上げるのは、僕が15歳のときだ。一家はエジプトに引っ越していた。物価は安いし、継父の家族が子どもの世話を手伝ってくれるから。スムーハというエリアの巨大なコンクリートのビルの中にある、寝室が2つのアパートに6人で住んでいる。家は薄汚れていて、損傷が目立つ。コンクリートは熱を保持しないから、冬が来た今、凍りつくような寒さだ。それでも近くにはショッピングモールがあって、建設中のスーパーがある。僕らがこれまで住んできた場所のなかでは、最悪というほどではない。

ある土曜日、僕は近所の友達と路上で、木の枝を使ってチャンバラごっこをしてふざけている。そこにアフメドの息子とその友達が何人も駆け寄ってくる。僕らが本当に喧嘩をしていると思ったからだ。友達の何人かが僕らに石を投げ始める。そんなに強い勢いじゃない。ただ遊んでいるのだ。でもだんだんみんなが攻撃的になってきて、僕は「やめろ！」と叫ぶ。僕はいちばん年長だし、体もいちばん大きい。みんながやめる。アフメドの息子を除いて。あとひとつは石を投げないと済まないと思っているのだ。それも直接僕の顔に当たるように。メガネが割れて、鼻に切り傷がつく。みんなパニックを起こして、散り散りになる。

家で母が、何が起きたのか尋ねる。

僕は答える。「話す前に、アフメドに言わないって誓ってくれないと」

アフメドが僕を信じる前に自分の息子を信じるのはわかっている。しかも、その次にやってくるご褒美《ほうび》は体罰だ。母は何も言わないと約束する。だから僕は母にすべてを話し、母はアフメドの息子を罰として部屋に閉じ込める。僕は有頂天だ。2年半の虐待のあと、わずかな正義が実現された。その夜、ベッドの中でアフメドがマスジドから帰宅するのを耳にする。彼がベッドのそばのボウルに鍵を落としたときのチャリンという音が聞こえる。シャツとパンツをかけるときのハンガーが重なり合う音が聞こえる。夜の日課の腕立て伏せをやって、不必要に大きい唸り声で締めくくるのが聞こえる。その次に母がすることが、僕の心を打ち砕く。アフメドにすべてを話すのだ。

アフメドが僕を寝室に呼ぶ。自分の息子が何をしたかについては何も言わない。僕のメガネが不器用にテープで留められているのが、僕の鼻柱に乾いた血がついているのが見えるだろうに。彼の口から出る言葉は「なんで枝で遊んでいたんだ?」だ。

その質問が、僕を爆発させる。

アフメドにではなく、母に向けてだ。

「ほら！」僕は怒鳴る。「こうなるから言ってほしくなかったんだ。だってこいつは僕を責めるだけだ。いつも同じだ」。そして僕は1秒ほど黙る。怒りでいっぱいで、もう一言だけ言わなければ済まない気分だ。「だって、こいつはアスホールだから！」

僕は床からヒーターを持ち上げ、壁に向かって投げつける。コンセントからコードがもぎとられて、火花が散る。中の棒がガタガタ言って、ビシッと激しい音を立てる。

僕は寝室を出て、泣いたりわめいたりしながらキッチンに向かう。自分でも怖くなるほどコントロールが効かない。キッチンのドアを何度も殴りつけているとき、アフメドがものすごい勢いで廊下を走って追いかけてくるのが聞こえる。何がやって来るかはわかっている。彼がキッチンに入ってきてすぐ、僕が床に倒れこんで体を丸めるのと同時に、僕を拳で打ちのめし始める。僕はいつもと同じように、されるがままだ。

突然、母が入ってくる。アフメドにやめてと叫ぶ。母が僕を助けにきたことにアフメドがショックを受けているあいだに、母はなんとか彼の体を押しのける。母は僕が立ち上がるのを助けてくれる。僕の髪をなでる。僕らは3人とも、キッチンに息を切らしながら立っている。

母がささやきかける。「ごめんね、Z」

アフメドは自分の耳に入ってくる言葉が信じられない。

「おお、ごめんねだと！」彼は嫌悪感丸出しで言う。「ノサイルだったらやったはずのことをやっているだけだ。おまえが弱すぎるからできないことを」

僕の手は今、膝にかかっている。ジャラビーヤと呼ばれる裾の長いガウンを着ている。息を整えようとしていたとき、アフメドにもう一度殴られる。ジムで完璧に仕上げたアッパーカットだ。母が僕ら2人のあいだに割って入る。けれどアフメドはやめない。彼女の頭の左右にジャブを振るう。母を殴ったとしてもおかまいなしという勢いだ。そのことに僕は猛烈な怒りを覚えて、アフメドも、母も、それに僕自身をもびっくりさせる衝撃的な行ないに出る。彼を殴り返すのだ。

大振りだ。かすりさえしない。けれど半秒ほど、アフメドの目が恐怖で見開かれる。そしてキッチンを出ていき、それ以来、僕に触れようとはしなかった。勝利だった。しかし短命な勝利だ。だって彼は、それまで以上に僕の弟を殴るようになったから。

正月が過ぎて、父からかかってきたコレクトコールを受ける。父は今、カリフォルニアの「スーパーマックス」、つまり超厳重警備の刑務所にいる。父と話すことはもうほとんどなくなっていて、声の調子から、電話が通じたことに驚いているのがわかる。母が電話で父を叱りつけていたのを思い出し、僕自身もいくらかのカタルシス（精神の浄化）を望む。他人の死が自分の家族の命よりも大切だと父が決めてからというもの、僕らの生活がどれだけひどくなったかを訴えたい。電話口に向かって叫びたい。一度でいいからコントロールを失いたい。だって、父の犯罪のせいで、僕らがどんな代償を払っているか知るべきだ。どのみち、会うことは二度とないのだ。父は刑務所にいる。それも死ぬまで。父はもはや僕をコントロールすることはできない。僕を傷つけることはできない。そして確実に、僕を助けることもできない。

けれど僕は、相変わらず、怒りを発散させることができない。だから受話器に向かってすすり泣くだけだ。父は気がつかないふりをする。そして、当たり障りのない調子で僕に聞く。お祈りはやっているか、母さんには良くしているか、と。

第10章

1999年7月、ペンシルベニア州フィラデルフィア

16歳になる頃には、エブラヒムという名字のうしろに隠れるようになってからけっこうな時間が経っていた。新しい名字は見えないマントのようなもので、少なくとも最近はうまく機能している。新しい友達は誰一人、僕がノサイル家の人間として生まれたことを知らない。エジプトに住むという一家の実験は失敗だった。僕らはアメリカに舞い戻り、実の父との関係が前よりも疎遠になったからか、継父の暴力を恐れずに生きるようになったからかわからないけれど、「事故」があったと母に起こされたあの夜以来はじめて、僕は希望と気力を感じ始めている。だから清水の舞台から飛び降りて、親友2人に自分の出自を明かすことに決める。エル・サイード・ノサイルの息子なのだと。

まずは友達のオーランドに告白する。その日は遠足で、僕らは美術館の庭のベンチに座っている。ノサイルという名前は、オーランドにとって何の意味も持たない。そこで僕は深呼吸して説明する。僕の父はメイル・カハネというラビを殺し、世界貿易センターの攻撃を企てるのを手助けしたのだと。オーランドは信じられないという表情をしている。話の恐ろしさの衝撃が大きすぎて、笑うことしかできない。笑いすぎてベンチから転がり落ちる。彼は僕を偏見で判断しない。

二番目に話したのは、友達のスポーだ。僕らは治安の悪い地域のスーパーで一緒に働いていて、年上でもう運転できる年齢のスポーは、一日の終わりに僕を家まで送ってくれる。スポーはパレスチナ人だ。エル・サイード・ノサイルという名前を、そしてその名前が象徴する邪悪な事実の数々を知っている。彼に、父親のことを伝えたのは、もしくは伝えようと思っているのは、君以外にはオーランドひとりだけだと告げる。僕らは我が家の外に停めた彼の車の中にいる。スボーが僕を見てうなずく。僕は彼の反応を恐れている。トラックが通りかかり、窓がガタガタと音を立てる。ついにスボーが口を開くとき、実際に出てきたのは僕をなじる言葉だった。けれど恐れていた内容ではない。「僕より前にオーランドに言ったのか？」安堵の気持ちが体に染み渡る。友達が父の罪のことで僕をそしらないのであれば、もしかしたら、ゆっくりではあっても、僕も自分自身を責めるのをやめられるかもしれない。それまで自分が抱えてきた巨大で重い何かをついに降ろしたような感覚になった。

2001年に、僕らはまたもや荷物をまとめて引っ越しをする。姉は結婚して、移住していった。残りの僕らは、アフメドが仕事を見つけられるというのでフロリダ州のタンパに向かう。そう、アフメドはまだ僕らの生活の中に存在している。決して除去することのできない壁のカビみたいに。けれど、実の父親と同様、もはや僕の考えを支配するのは不可能なのが明らかになってきた。彼の恐怖政治は情けないものになっていて、僕と弟に夏休みのアルバイトをするように命令した日に終わりを告げる。

たとえアフメドが給料の半分を搾取するとしても、僕らは自分のお金が手に入ることを想像して興奮する。ブッシュ・ガーデンズはちょうど採用の時期で、僕らは勇んで出かけていき、その他大勢の日焼けしたティーンエージャーたちと並んで、出願書に記入し、面接を受けるために待機する。

期待はしていなかった。奇跡的に、僕らは2人とも採用される。僕は〈ライノ・ラリー〉というアトラクションのガイドをすることになった。最高なんてもんじゃない。「アフリカの僻地の奥深くまで飛び込もう！　このガイドツアーに参加すれば、サファリのワクワクするような楽しさをすべて体験し、地球上で最も雄壮な動物たちと顔を合わせるだろう。さあ出かけよう！ 冒険を目指そう！」弟は別のアトラクション〈コンゴ・リバー・ラピッズ〉の担当になって、「最高なんてもんじゃない」以上だと言い張る。「最高にワイルドな川の旅に出る準備をしよう！ ブッシュ・ガーデンズの巨大ないかだに乗り込めばすぐに、危険な急流に揺られて流れ出る滝の下を通り、最高に奇妙な洞窟を探求することになるだろう。何をもたもたしてるんだ？ 水に濡れるんだ！」

テーマパークで働くなんて退屈だと思うティーンエージャーもいるだろうけど、僕と弟は大喜びだ。ピッツバーグ・ペンギンズ（NHL所属のプロ・アイスホッケーチーム）のTシャツを着て、ぺちゃくちゃしゃべりながらハイタッチするあほっぷり。タンパには、街中に太陽の光と水辺があって、空気は潮気を帯びている。ついに世界が僕らのためにその扉を開いてくれた。僕らはもう何年ものあいだ、社会の除《の》け者だった。父が残していったものから心底怯えながら逃亡し続けてきたのだ。何年ものあいだ、アフメドに殴られ、ぞっとするような方法で監視されてきたから、安全だと感じたことはなかった。けれど今、弟と僕は、サファリと川の旅の先導をしようとしている。アフメドが追いかけてこられないところに行く。ブッシュ・ガーデンズに入るには、そこで職を得るかチケットを買うかしかない。彼が僕らをスパイしたければ、50ドルの入場料を払うしかないのだ。

こうして僕らはようやく、とうとう、ついに自分自身で人生を発見するチャンスを得た。実の父は閉じ込められ、継父は閉め出されている。

タンパでのその夏、18歳になった僕の目の前にありとあらゆるティーンの通過儀礼が登場した。初めてパーティに行く。初めて酔っぱらう。ソーダを買いに行くふりをして、セブン-イレブンの駐車場でタバコを吸う。車を買う。車だ。真の自由の象徴だ。ひどい、ひどい車だけれど――頑張っても剝がせないステッカーやシールが付いた、古いフォードのトーラスだ。でも、その車を崇拝するあまり、僕は夜、ベッドに寝転んで思いを馳せる。車がガールフレンドかなにかのように。本当のことを言えば、ワルい男になろうとする僕の実験は及び腰で、短命に終わる。僕の本当の反抗は、自分の父親が象徴するすべてに疑問を抱くようになったことだ。〈ライノ・ラリー〉のサファリスーツを着た瞬間から、ありとあらゆるタイプの観光客や仕事仲間と出会い、それはそれは解放的な感覚で、とても言葉で説明することはできない。人間について、そして国家や戦争や宗教について、これまで教え込まれた原理主義的な嘘を一つひとつ、光にかざして見るようになる。

子どもの頃、家や学校やモスクで教わったことに疑問を呈したことはなかった。偏見は、他に教わった数々の命題とともに、僕という人間の体内に入り込んだ。アレクサンダー・グラハム・ベルが電話を発明したこと、円周率は3・14だということ、ユダヤ人は邪悪だということ、同性愛は醜悪だということ、パリはフランスの首都であること。こうしたことはすべて事実として耳に入った。どうして僕にこれらの真偽が識別できただろう？　自分たちと違うタイプの人間を恐れ、自分の「安全」のために、こうした人間からなるべく遠ざかるように隔離されてきたのだ。偏見は狂おしいほどに完璧なサイクルだ。そもそも偏見の対象を恐れるべきかどうか、自分で決められる位置まで近づくことはなかったのだから。

父が中東に執着していたから、ユダヤ人は悪者だと僕は常に言い聞かせられてきた。議論の余地はなかった。ゲイはどうだろう？　15歳のときに、アフガニスタン人の男性3人が肛門性交で有罪になり、タリバンが下した判決は、彼らを埋めてその上に岩を積み重ね、さらに戦車を使って壁を押し倒して潰すというものだった。刑を執行して30分経っても彼らがまだ生きていれば、命は救う。それがタリバンの考える慈悲だった。

こういったドグマが、生まれたときから僕の頭脳に染み込んでいた。それはアメリカ文化におけるユダヤ人差別やホモフォビア（同性愛嫌悪）によって強化されるばかりだった。しかし最近になって、そういった嘘を少しずつ切り崩す新たな声が思いがけず登場した。ジョン・スチュワート［★3］だ。

クレイグ・キルボーンの『ザ・デイリー・ショー』が僕はいつも大好きで、ジョン・スチュワートが番組を引き継ぐと発表があったとき、ティーンエージャーらしく憤慨した。誰だこいつは？　キルボーンを戻してくれ！　けれどタンパでは、スチュワートの番組を取り憑かれたように見て、母にも僕と一緒にソファに座って見るよう主張した。スチュワートのユーモアは麻薬の入門編のようなものだ。彼を見ていると、反戦ムーブメントについて、ゲイの権利について、その他のすべてについて精査し、疑問を持ち、気にかけることがクールに感じられる。この男はドグマを毛嫌いする。僕はいわゆる「見識」というものを大量に飲み込んできたから、スチュワートという人間が啓示のように感じられた。率直に言って、彼は僕にとって論理的で人情に溢れる理想の父親像にいちばん近い存在だ。僕は夜更かしして、彼が世界を読み解いてくれるのを待つ。そして一方のスチュワートは、僕の頭の中の欠陥だらけの配線を直してくれる。僕の新しいロールモデルが彼のようなユダヤ人であることは、この状況にはうってつけに思える。

〈ライノ・ラリー〉での仕事は驚異的だ。爆発的に楽しい体験だ。それを通じてわかったことだけれど、僕の自己不信の下には役者根性が眠っていた。ヘッドホン式のマイクを装着して、ランドローバーの運転席に座るときにはっきりわかる。ガイドは全員、原則的に同じ脚本に従うのだけれど、観客が腕を折ったり苦情を申し立てたりしないかぎり、好きなだけアドリブしていい

★3―政治風刺で知られるアメリカのコメディアン。1999年から『ザ・デイリー・ショー』の司会および脚本兼副プロデューサーとして番組制作に参加。

ことになっている。ツアーのたびに、僕は観客の中から「ナビゲーター」を選び、助手席に座らせる。やりたくてしょうがないという人がいても、というか任務を説明し終えないうちに手を高く挙げる子どもがいつもいるものだけれど、そういう人は選ばない。フレンドリーだったり自信がなさそうだったり、からかっても耐えられるような人がいい。その人がどんな神に祈っているかなんて考えたことがなかった。とはいえ正直に言うと、フィラデルフィア・フライヤーズ（NHLのライバルチーム）のジャージーを着ていたら別だ。僕は完璧な人間じゃない。

8月のある日、18人の観光客をローバーに乗せて、不幸にもいつものナビゲーターがワニに食べられてしまったと言って（「すぐに池で彼の一部を見つけるかもしれない」とも言う）、代わりにその職を務める人はいないか尋ねる。いつもと同じような人が手を挙げ、その他の人は、僕と目を合わせないようにバックパックやハンドバッグの中を探し回している。小太りの男性で、ウエストポーチをつけた50代の父親は顔を赤らめてさえいる。そこで僕は足を踏み出し、彼にヘッドホンを渡して言う。「プリーズ」。恐怖が男の顔を横切り、子どもたちが合唱し始める。「やって、アバ！　やって！」そこで僕は獲物を捕らえたのだとわかる。彼はヘッドホンを受け取り、乗客たちは賛成の声を上げるけれど、おかげで彼の顔はさらに赤くなる。ナビゲーター席に彼が座ると、客を喜ばせるために僕はいくつか質問をする。

「ハロー、サー。お名前は何ですか？」

「トマーです」

「素晴らしい。僕のことはZ《ズィー》と呼んでください。ご出身はどこですか？」

「イスラエル」

「とてもいいですね。教えてください。ライオンの攻撃をかわしたり、足の怪我に応急処置をしたり、樹皮でスープを作ったりした経験はありますか？」

「いや、あるとは言ったら嘘になる」

「まったくない？」

「そんな状況になったことがないんだ」

「オーケイ。なんとか切り抜けられるでしょう。ただ、危ない橋を渡ります。水中でどれくらい息を止められますか？」

「泳げないんだ」

「不思議ですね。いつものナビゲーターの最後の言葉はそれでした」

「本当に？」

「いいえ、実は彼の最後の言葉は『助けて、Z！　どこへ行くんだ?!』でした。だいたいどういうことかおわかりでしょう。トマー、失礼ですが、ナビゲーターにはふさわしくないかもしれませんね。買って出られたことにちょっと驚いています」

「僕の時計にはコンパスが付いている」

「どうでしょう？　僕にはそれで十分です。トマーを応援したいか、みなさんの声を聞いてみましょう！」
群衆は笑い、手を叩く。トマーの子どもたちが、誰よりも大きな音で。そして僕らは出発する。

こんな光景のバリエーションが、〈ライノ・ラリー〉では日常的に演じられる。考えられるありとあらゆるタイプの人がナビゲーター席に座って。渡っている橋が急に2つに割れて、車が川に落ちるけれど、丸太でできたいかだに奇跡的に命を救われて流れていく。そんなふうに、熱帯雨林とサバンナを一緒に生き残ることで、その人についてどれだけ学べるかと思うと驚きでしかない。人、人、人、とたくさんの人々が自分の人生に入ってくる体験は僕を夢中にさせる。自分とは違う人間を知ったことで、僕は文字通り今までよりも堂々と頭を上げて、ブッシュ・ガーデンズを歩くようになった。父が数々の嘘を基盤に僕を育てたという、動かぬ証拠を得たのだ。偏見はばかばかしい。偏見が機能するのは、扉の外に出ないときだけだ。

〈ライノ・ラリー〉での休憩時間、ブッシュ・ガーデンズの〈モロッカン・ロール〉と呼ばれる中東のロックショーで時間を過ごすようになる（ステージの上に乗るという行為がいつも好きで、高校で一度『バイ・バイ・バーディー』の役をもらったことがあったけれど、アフメドが許してくれなかった）。僕はこのショーにしょっちゅう行って、ヤミンというイスラム教徒のトランペットプレーヤーと友達になる。ヤミンを通じて、マークとショーンという2人のダンサーと知り合う。2人はゲイだ。最初は、彼らのまわりで僕は寡黙だった。ゲイの男性と付き合った経験はまったくなかったし、認めるのは恥ずかしいけれど、彼らを偏見の目で見ていた。これまで教え込まれてきたことのせいで、彼らの頭上に「悪い影響！　悪い影響！」と光るサインが出ているようなものだ。僕がよそよそしいことに彼らは気がつかなかったのかもしれない。僕の狭量を哀れんでいたのかもしれない。もしくはヤミンと友達だから大目に見てくれていたのかもしれない。いずれにしても、彼らは僕に対しては真摯で、〈公正以外の何ものでもなかった。〈ライノ・ラリー〉についてぺちゃくちゃおしゃべりさせてくれるし、歌うのがひそかに好きだと言っても笑わない。いくつかダンスの動きを教えようとしてくれる（失敗に終わるけれど）。彼らの完全なる優しさのおかげで、僕は泣き崩れる。あまりに長いあいだいじめられてきたから、優しさには弱いのだ。

この頃だ。ある夜、〈ライノ・ラリー〉の衣装で帰宅し、父とアフメドの主張に反して、僕は世界を信用しようと思う、と母に告げたのは。母が人について醜い言葉を発することは一度もなかったけれど、長年にわたって僕以上に誤った信条にさらされてきた。母の口からそのあと、僕の残りの人生の基盤となるフレーズが出てきた。「人を憎むのはもううんざり」

そして驚いたことに、突然、僕らはアフメドの呪縛から自由になる。母さえも自由だ。怒りの発作を起こしてアフメドから立ち去るのではない。あなたは憎しみに満ちた人間で、あなたの人生の終わりにイスラムの楽園なんか待ち受けていない、と告げるわけじゃない。そういう行為に出るには彼女は疲れすぎているし、あまりに打ちのめされている。けれど僕に言わせると、アフメドのもとを去ること自体が大勝利だ。母は荷物をまとめてピッツバーグに戻り、たびたび脳動脈瘤を患った自分の母の世話をする。

祖母は母がイスラム教に改宗したときにあまりに愕然としたので、そのおかげで僕は彼女に数回しか会ったことがない。頭に「くそスカーフ」をかぶって家に来るのは迷惑だと言ったのは本気だったらしい。けれど母にとっては、愛と絆はすべてを超越するものだ。祖母の体調が悪化する最中に、奇妙な偶然が起きたことがあとで判明する。偏見は心理的な錯覚にすぎないということの証明が必要になったら、この事実を示せばいい。発作のせいで祖母は、母の選んだ宗教を憎み、それを選んだ母を忌み嫌っていたことを、まったく、瞬間的に、忘れてしまった。祖母の脳が解き放った悪い習慣は偏見だけではなかった。自分が50年間喫煙していたのも忘れてしまったようだ。

その夏が終わる前、ブッシュ・ガーデンズでできた仲間たちと一緒に昼食時間を長くとって、〈モントゥ〉という名のローラーコースターを見にいく。半分人間で半分ファルコンという古代の戦争の神にちなんで名付けられたアトラクションだ。「エジプト」と呼ばれるコーナーにあって、それも僕にとっては適度に笑えることだった。ローラーコースターは海のモンスターのようにせり上がり、椰子《やし》の木や中東をテーマにしたショップ、アラビア文字で覆われた偽の砂岩でできた遺跡の上空を通る（そのアラビア文字にも笑ってしまった。すべてでたらめなのだ）。新しい友人たちと僕はローラーコースターに乗り込む。誰も黙っていられない。モントゥのいちばんクールなところはどこだろうと議論している。7回も強烈な勢いで反転すること？　くそワイルドな「ゼロGロール」（コブ状のコースでレールが360度ひねられること）？　くそ見事なインメルマン旋回（垂直方向にひねりながらUターンすること）？　みんな決めかねている。それぞれの意見が同数になっているところで僕に決定票を求めてくる。けれどみんなが何を話しているのかさっぱりわからない。なぜなら本物のローラーコースターは、その他の社会から隔離されたイスラム教のバブルに閉じ込められた生活では、決して経験しえないものだったから。僕は怯えきっていた。

最初の頂上に引き上げられていき、フリーフォールのような感覚の中に解放される。きっかり1分間、僕は目を開けることすらできない。目を開けると、友人たちの顔が見える。その表情は幸福で輝いている。「エジプト」の方向を見る。「セレンゲティ平原」、そして駐車場の方向を。たちまち時速100キロほどのスピードでゼロGロールに突入する。僕の心の中では3つの疑問が吹き出している。（1）靴は脱げ落ちないか？　（2）吐いたら吐瀉物《としゃぶつ》は上にいくのか下にいくのか。(3)憎むべき相手を教える暇があるくらいなら、ローラーコースターが世界でいちばんクールなものだって、どうして誰も教えてくれなかったんだろう?

フラッシュバックのように、僕の心がいちばん最初の記憶に戻る。ペンシルベニアのケニーウッド・アミューズメントパークの巨大なティーカップの中で、父と僕が回っている。当時僕はたった3歳で、光のフラッシュと飛び散る色彩しか覚えていない。けれど、ある一瞬がよみがえってくる。父が笑いながらティーカップの中で立ち上がり、聞き覚えのある祈りの言葉を叫んでいる。「おお、アッラー、私を守って目的の地まで送り届けてください!」

父は道を見失ってしまった。だからといって、僕が自分の道を見つけられなくなる、ということはなかった。

第11章

エピローグ

この本の中で、僕はずいぶんとたくさん偏見について書いてきた。なぜなら、誰かに偏見を植えつけることは、テロリストを生み出すプロセスの第一歩だから。弱い人間、たとえば自信を、収入を、プライドを、主体性を失った人間を見つける。人生に屈辱を感じている人間。そしてその人間を孤立させる。恐怖と怒りで満たす。そして自分と違う人間を、ひとりの人間としてではなく、顔のない標的と見なすようにお膳立てすればいい。カルバートン射撃場のシルエットのように。けれど、生まれたときから憎むために育てられ、その心を歪められ、武器にされた人間だって、自分がどういう人間になりたいかを選択できる。類まれなる平和の提唱者になれる。暴力、差別、権利の剝奪といったことの効果を身をもって目撃してきたからこそだ。被害者になった人間は、これ以上の被害者がこの世界に必要のないことを、誰よりも深く理解している。

僕がここに表現しているような人間の変貌は、システムに起因する貧困、狂信、教育の欠如といったことのせいで、この世界の一部の地域では圧倒的に起きる見込みが低いとわかっている。ガンディー、ネルソン・マンデラ、マーティン・ルーサー・キング・ジュニア牧師のようなモラルの炎を誰もが持っているわけではなく（僕にも確実にない）、誰もが苦悩を決意に変えられるわけではないこともわかっている。けれど共感《エンパシー》は憎しみよりもパワフルで、僕みたいな人間の人生は、それを拡散することに捧げるべきだと確信している。

共感、平和、非暴力——こういったことは、僕の父が作り出す一助となったテロの世界では古臭いツールのように思えるかもしれない。けれど多くの人がこれまで書いてきたように、争いを解決するために非暴力を示すことは、受動的であることを意味しない。被害者意識に甘んじたり、侵略者の猛威を受け入れたりすることを意味しない。必ずしも戦いを諦めるわけでもない。その代わり、敵対者をちゃんと人間と見なし、彼らのニーズや恐怖を認識して共有し、報復ではなく、和解に向けて働きかけること。ガンディーの「命を捧げてもいいと思う大義はたくさんある。しかし人の命を奪うための大義はひとつもない」という名言を長く見つめれば見つめるほど、この言葉が鋼のように強く、揺るぎない存在なのだと気づいてそれに愛を感じる。攻撃されたとき、反撃し、さらに強く攻撃する習性が本能の回路にどれだけ備わっていたとしても、攻撃を過激化することだけが反応の選択肢なわけではない。カウンターカルチャーを研究していた歴史学者のセオドア・ローザックはかってこう述べた。「人は非暴力を1週間試し、うまくいかないと暴力に戻る。そのやり方は何世紀ものあいだ、機能していない」

僕は18歳のときに、父からの電話を受けるのをやめた。折に触れて、イリノイ州の刑務所から、連絡を取り始めたいというEメールを受け取る。けれど僕はすでに、それさえもいい結果には結びつかないことを学んでいた。父はずっと有罪判決に対して控訴を続けていて（捜査の最中に、彼の公民権が国によって侵害されたと考えている）、一度彼にメールして、率直に、ラビ・カハネを殺したかどうか、1993年の世界貿易センターの攻撃計画に参加したかどうかを尋ねた。「僕はあなたの息子で、あなたの口から聞く必要がある」。父は、ブッシュ・ガーデンズのローラーコースター以上に曲がりくねった、判読不可能で大げさなメタファーを使って答えてきた。そういう答えを返す父は悲壮で、欲深く、そして言うまでもなく有罪だと思えた。

カハネの暗殺は忌まわしい事件だったうえに、単なる殺人事件ということ以外に意味を求めるならば失敗だった。父が意図したのは、ラビを黙らせ、アッラーに栄光をもたらすことだった。けれど現実に彼が行なったのは、すべてのイスラム教徒に不名誉と疑念をもたらし、さらに意味のない、卑劣な暴力行為を誘発することだった。2000年の大晦日《おおみそか》に、カハネのいちばん下の息子とその妻が殺され、彼らの6人の子どものうち5人が負傷した。銃を持ったパレスチナ人の男が、帰途にあった一家のバンにマシンガンで撃ち込んだのだ。憎しみによって破壊された一家がまたひとつ。その記事を読んだとき、悲しみで気分が悪くなった。

9月11日にはそれ以上に気分が悪くなった。タンパの自宅の居間で映像を見て、この攻撃が生んだ計り知れない恐怖を無理やり消化しようとし、血縁によって自分がなんらかのかたちで加担しているような壊滅的な気持ちにもがき苦しんだ。もちろん、僕が感じた苦痛は、実際の被害者やその家族の感じた痛みとは比べものにならない。今でも彼らのことを思うと心が張り裂けそうになる。

父と話すことをやめて得た利点のひとつは、9月11日に起きた下劣な事件の数々について説法を聞かずに済んだことだ。ツインタワーの倒壊を、イスラムの偉大な勝利と考えたに違いない。もしかしたら「盲目のシャイフ」やラムジー・ユーセフとともに、何年も前に、黄色いライダーのバンを使って始めた任務のクライマックスだと考えたかもしれない。

今さらだし、この時点でどんな価値があるかはわからないけれど、父は今、中東における問題の平和的な解決を支持すると主張している。罪のない人々を殺すことを忌み嫌っていると言い、ジハーディストたちに自分の家族のことを考えるように勧告している。2013年に、『ロサンゼルス・タイムズ』紙によるインタビューに答えて言ったことだ。父の心変わりが真摯なものであるようにと願うけれど、殺された罪のない人々や、引き裂かれた僕の家族にとっては遅すぎる。僕は、父が何を信じているのか、知っているふりはもうしない。僕にわかっているのは、何年もの月日を、父を気にかけて過ごしすぎたということだ。

　僕はといえば、もうイスラム教徒ではないし、神のことを信じてもいない。それを告げると母の心は傷つき、それがまわりまわって僕の心を傷つけた。母の生きる世界は、アッラーへの信仰でひとつに保持されているのだ。僕の世界を定義するのは、家族や友達への愛、人類はみなお互いに、これからやってくる未来の世代に対しても、より良い人間になる努力をするべきだという道徳的信念、そして父が与えた損害の一部だけでも、どんなに些細な方法であれ、できる範囲で取り戻したいという欲望だ。僕自身が受けた宗教教育の痕跡がひとつある。ネットで新たな邪悪な行為を目にするとき、本能的に、それがイスラム教徒の仕業ではありませんように、というはかない望みを抱く。平和主義的なイスラム教徒の多くは、原理主義的な少数派による行為に対して、すでに高すぎる代償を払ってきたのだ。それ以外の面でなら、僕は神々よりも人々を優先する。あらゆる種類の信仰者に対して僕は敬意を持っているし、異教徒間の対話を奨励しているけれど、これまでの人生、宗教が武器として使われるのをずっと見てきたから、すべての武器を置くことにした。

2012年4月、フィラデルフィアのFBI本部で、数百人の捜査員を前にしてスピーチをするという現実離れした体験をした。捜査局はイスラム教徒のコミュニティと親密な関係を築きたいと望んでいて、そのキャンペーンの責任者を務めていた捜査員が、息子の学校で平和を提唱する僕の講演を聞いたという縁で、僕は名誉に思いながらも緊張してその場にいた。手強そうな聴衆だった。僕はスピーチをジョークで始め（「捜査員のみなさんをこんなにもたくさん一度に見るのには慣れていません。いつもは2人ずつ相手にしているので」)、混乱したような沈黙のあと、かなりいい感じの笑いをとれた。そのことについては一生感謝するだろうと思う。僕は自分のストーリーを語り、自分自身を例として、憎悪と暴力には耳をふさぎ、平和を選ぶことは可能だと説いた。

スピーチを終えて、質問があるかと尋ねたが、なかった。珍しいのではないかと思ったけれど、もしかしたらFBIの捜査員は緊張して手を挙げなかったのかもしれない。とにかく「招待してくれてありがとうございました」と言うと、聴衆は拍手をして、散り散りになった。そしてそのあと、素敵なことが起きた。その記憶は、それ以来ずっと、いつも僕の心の中にある。捜査員の何人かが僕と握手しようと列を作ったのだ。

最初の何人かは、礼儀正しい言葉を投げかけ、力強く握手をしてくれた。三番目は女性で、泣いていた。

「私のことを覚えていないかもしれないし、覚えていなくて当然だと思います」と彼女は言った。

「あなたのお父さんの事件を担当した捜査員の一人でした」

そこでぎこちなく言葉を切ったので、僕は彼女に同情する気持ちになった。

「エル・サイード・ノサイルの子どもたちがどうなったのか、いつも気になっていました」

彼女は続けた。

「あなたたちが、彼の道に続くのではないかと恐れていたんです」

僕は自分が選んだ道を誇りに思っている。父親の過激主義を拒絶したことが、僕らの生活を救い、人生を生きる価値のあるものにしてくれた。それは弟や姉の気持ちも代弁している。

彼女の質問、「エル・サイード・ノサイルの子どもたちがどうなったのか」に対する答えは、ここにある。

僕らはもう彼の子どもじゃない。

謝辞

いちばんの親友であるシャロン。君が僕に与えてくれたことを、言葉ではとても表現できない。出会って以来ずっと君が僕にとってはすべてだ。「君がいなければ、この作品は不可能だった」という言葉だって、事実に比べたら過小な表現だ。バディ、ありがとう。

活力に満ちた僕らの「ゴッドペアレンツ（代理両親）」、ロビンとウォーレンに感謝します。あなたたちが与えてくれた素晴らしい導きと、途方もなく豊かな知識に。

読書に対する愛を植えつけてくれた母に。それは日々僕のためになっています。あなたがどうやって過去の出来事を乗り切らせてくれたのか見当もつかない。愛情に溢れた姉へ。いつもそこにいてくれてありがとう。弟よ、僕らが子どもの頃から共有してきた絆は、永遠に僕とともにある。君は、僕が知るなかでいちばんクールな人間だ。

フランク、ベラ、フランキー、ありがとう。

ピッツバーグの友人たち、ホリーとダグ、マイクとチャド、マークとトレイシー、マイクとベッツィー、ジェフ、ケイト、ケイトリン、アリサ、ナット、キャシーとコリン、マイクとジュールズ、君たちの驚くべきサポートに、そして僕にとって家族が本当はどれだけ大きい存在なのかを気づかせてくれたことに感謝します。行け！　スティーラーズ！

フィラデルフィアの友人たち、ありがとう。ジャスミン、そして僕のいちばん古い友達であるオーランド、ホゼ、スボー。ビルとキャシー、僕を支えてくれてありがとう。特別捜査官のＪＪ、アレキサンダーとフィン（君たちはフライヤーズのファンだけど）、ＪＤＫＣ、ローラＶ、マリリンとエレーン、ラビのマイク、アレックス、ラビのエリオットＳ、デイブ、スコットＨ牧師、ブライアン、リサ、ポッド、DCジェニー、コリーンとマイケル、ボブ、ヘザーとビルへも感謝を。そしていつもTEDトークをやるべきだと言ってくれたチャーリーに。

僕の心の旅を通して支えてくれた人たちに感謝します。エミリー、サラ、マルティーナ、ジエス、キャスリン、バーバラ、ダニエル、マリアンヌ、マサ、トッド、メアリー・ローウェル、マイケル、トロイ、アベッド、そしてここに名前は挙げないけれど、旅の途中に力と勇気を与えてくれた多くの人々に。ジェフ・ジャイルズにとても大きな感謝の意を。君と一緒にこの本を制作するのは喜びだった。僕の考えを一貫して理解できるかたちに整えてくれた、君の助けに御礼を言います。ミシェル・クイントのポジティブなエネルギーと編集の知識には特別な感謝を表明したい。デロン、アレックス、ジューン、エリン、そしてTEDのみんな、僕のメッセージを信じてくれたことに心からの感謝と敬意を。カーラ・サックスの導きに多大なる感謝を。最後に、ビル・ゲイツとスティングの前に登壇するというプレッシャーに僕が負けないと信じてくれた、クリス・アンダーソンに本当に感謝しています。

みんな、ありがとう。

著者紹介

ザック・エブラヒム（Zak Ebrahim）は1983年3月24日アメリカ・ペンシルベニア州ピッツバーグ生まれ。工業エンジニアのエジプト人を父に、学校教師のアメリカ人を母に持つ。7歳のとき、父親がユダヤ防衛同盟の創設者であるラビ・メイル・カハネを銃撃し殺害した。彼の父、エル・サイード・ノサイルは服役中に1993年の世界貿易センターの爆破を仲間とともに共同で計画する。エブラヒムはその後の少年時代を街から街へと移動して過ごし、彼の父を知る人々からは自分が何者かを隠して暮らした。彼は現在、テロリズムに反対する立場をとり、平和と非暴力のメッセージを拡散させることに自分の人生を捧げている。2013年にはニューヨークで開催されたTEDの公募イベントに参加し、翌年のTEDメインカンファレンスではスピーカーに選出された。本書はそのTEDトークをもとにしている。

ジェフ・ジャイルズ（Jeff Giles）はニューヨーク在住のジャーナリスト・小説家。『ニューヨーク・タイムズ・ブック・レビュー』『ローリング・ストーン』『ニューズウィーク』誌に寄稿し、『エンターテインメント・ウィークリー』誌では主席編集者を務める。ヤングアダルトを対象とした初の小説が2016年にブルームズベリー社から出版予定。

著者のTEDトーク

PHOTO：JAMES DUNCAN DAVIDSON

本書『テロリストの息子』の著者、ザック・エブラヒムは2014年のTEDカンファレンスで講演を行なった。本書のインスピレーションとなった9分間の講演は、TEDのウェブサイト「TED.com」にて無料で見ることができます。

go.ted.com/ebrahim

（日本語字幕あり）

本書に関連するTEDトーク

シーラ・エルワージー「非暴力で戦う方法」
go.ted.com/scilla_elworthy（日本語字幕あり）

平和活動家のシーラ・エルワージーが見識に富み、魂のこもった講演を通じて、国家として、また個人として必要な、武力で報復せずに激しい暴力と戦うスキルを仔細にわたって教えてくれます。

アイーシャ・エルファフィ＋フィリス・ロドリゲス「許しと友情を見つけた母たち」
go.ted.com/two_mothers（日本語字幕あり）

2人の母親が、想像を絶する喪失から強い絆を結びました。ひとりは、2001年9月11日に起きたアメリカ同時多発テロ事件で息子を亡くし、もうひとりには、そのテロ事件に関与し、有罪判決を受けて終身刑で服役中の息子がいます。

シャカ・センゴア「最悪の罪を犯してもやりなおすことはできる」
go.ted.com/shaka_senghor（日本語字幕あり）

1991年にシャカ・センゴアはひとりの男性を撃ち殺しました。第二級殺人の刑で服役することで、彼のストーリーは終わってしまってもおかしくはなかった。けれどそれはつぐないの旅の始まりだったのです。

マズ・ジョブラニ「イラン系アメリカ人の噂を聞きましたか？」
go.ted.com/maz_jobrani（日本語字幕あり）

「悪の枢軸コメディツアー」の創設メンバーで喜劇俳優のマズ・ジョブラニが、イラン系アメリカ人であることの試練や葛藤を語ります。

TEDブックスについて

TEDブックスは、大きなアイデアについての小さな本です。一気に読める短さでありながら、ひとつのテーマを深く掘り下げるには充分な長さです。本シリーズが扱う分野は幅広く、建築からビジネス、宇宙旅行、そして恋愛にいたるまで、あらゆる領域を網羅しています。好奇心と学究心のある人にはぴったりのシリーズです。

TEDブックスの各巻は関連するTEDトークとセットになっていて、トークはTEDのウェブサイト「TED.com」にて視聴できます。トークの終点が本の起点になっています。わずか18分のスピーチでも種を植えたり想像力に火をつけたりすることはできますが、ほとんどのトークは、もっと深く潜り、もっと詳しく知り、もっと長いストーリーを語りたいと思わせるようになっています。こうした欲求を満たすのが、TEDブックスなのです。

シリーズ新刊案内

平静の技法

ピコ・アイヤー　管梓訳

本体1100円+税　2015年12月刊行（本書と同時発売）

リアルでもネットでも、いたずらに動き回っては気の散る現代社会。つながりの時代に必要なのは、立ち止まって、静かに佇むこと。内面を移動すること。世界を巡ってきた人気の紀行作家が、レナード・コーエン、マハトマ・ガンディー、エミリー・ディキンソン、パスカルといった先人の言葉や瞑想・安息日といった実例を引きながら、「どこにも行かない」豊かな旅へ招待する。

2016年春刊行予定

恋愛を数学する（仮題）ハンナ・フライ

自然現象と同じく、恋愛にもパターンがある。

未来をつくる建築100（仮題）マーク・クシュナー

建築を考えることは、未来をつくること。

TEDについて

TEDはアイデアを広めることに全力を尽くすNPOです。力強く短いトーク（最長でも18分）を中心に、書籍やアニメ、ラジオ番組、イベントなどを通じて活動しています。TEDは1984年に、Technology（技術）、Entertainment（娯楽）、Design（デザイン）といった各分野が融合するカンファレンスとして発足し、現在は100以上の言語で、科学からビジネス、国際問題まで、ほとんどすべてのテーマを扱っています。

TEDは地球規模のコミュニティです。あらゆる専門分野や文化から、世界をより深く理解したいと願う人々を歓迎します。アイデアには人の姿勢や人生、そして究極的には未来をも変える力がある。わたしたちは情熱をもってそう信じています。TED.comでは、想像力を刺激する世界中の思想家たちの知見に自由にアクセスできる情報交換の場と、好奇心を持った人々がアイデアに触れ、互いに交流する共同体を築こうとしています。1年に1度開催されるメインのカンファレンスでは、あらゆる分野からオピニオンリーダーが集まりアイデアを交換します。TEDxプログラムを通じて、世界中のコミュニティが1年中いつでも地域ごとのイベントを自主的に企画運営・開催することが可能です。さらに、オープン・トランスレーション・プロジェクトによって、こうしたアイデアが国境を越えてゆく環境を確保しています。

実際、TEDラジオ・アワーから、TEDプライズの授与を通じて支援するプロジェクト、TEDxのイベント群、TED-Edのレッスンにいたるまで、わたしたちの活動はすべてひとつの目的意識、つまり、「素晴らしいアイデアを広めるための最善の方法とは?」という問いを原動力にしています。

TEDは非営利・無党派の財団が所有する団体です。

訳者紹介

佐久間裕美子(さくま・ゆみこ)は、1973年生まれのライター。慶應義塾大学を卒業後、イェール大学大学院で修士号を取得。1998年からニューヨーク在住。新聞社のニューヨーク支局、出版社、通信社勤務を経て2003年に独立。これまで、アル・ゴア元アメリカ副大統領からウディ・アレン、ショーン・ペンまで、多数の有名人や知識人にインタビューした。翻訳書に『日本はこうしてオリンピックを勝ち取った! 世界を動かすプレゼン力』(NHK出版)、著書に『ヒップな生活革命』(朝日出版社)。

TEDブックス

テロリストの息子

2015年12月10日　初版第1刷発行

著者：ザック・エブラヒム＋ジェフ・ジャイルズ
訳者：佐久間裕美子

カバー・表紙写真：Helga Kvisli
ブックデザイン：大西隆介（direction Q）
DTP制作：濱井信作（compose）
編集：綾女欣伸（朝日出版社第五編集部）

発行者：原 雅久
発行所：株式会社 朝日出版社
〒101-0065 東京都千代田区西神田3-3-5
tel. 03-3263-3321　fax. 03-5226-9599
http://www.asahipress.com/

印刷・製本：図書印刷株式会社

ISBN 978-4-255-00895-0 C0095